Mein Laufbuch für die
ersten **10** Kilometer

D1725307

PROF DR. THOMAS WESSINGHAGE

GUNNAR EBMEYER

Mein Laufbuch für die ersten 10 Kilometer

Technik · Ausrüstung · Trainingspläne · Erfahrungsberichte

südwest°

Mit dem richtigen
Equipment macht
Laufen gleich dop-
pelt so viel Spaß!

Vertrauen Sie dem Experten: Prof. Dr. Thomas Wessinghage weiß, wie's läuft.

Eine ausgewogene
Ernährung gehört
einfach dazu.

Zwischen den Lauf-
einheiten das Dehnen
und Kräftigen nicht
vergessen!

Wer den Anfang geschafft
hat, bekommt bald Lust
auf mehr: Wie wär's mit
einem 10-Kilometer-Lauf?

Dieser **Anfang** ist **leicht**

Kommen Sie in Bewegung – Gesundheits-Pluspunkte, die überzeugen

Legen Sie los!

Laufen ist in den letzten Jahren zum echten Renner geworden. Nach Schätzungen des Deutschen Leichtathletik-Verbandes (DLV) sind in der Bundesrepublik rund 19 Millionen Jogger mehr oder weniger aktiv. Laut einer aktuellen Umfrage läuft sogar über ein Viertel der Deutschen mindestens einmal pro Woche. Selbst wenn die Jogger-Gemeinde nicht mehr so rapide wächst wie noch vor einigen Jahren, so steigt die Zahl der Läuferinnen und Läufer dennoch weiterhin stetig: Joggen ist eben kein Trendsport, an den sich in absehbarer Zeit niemand mehr erinnern wird. Längst hat sich Laufen zu einer Massenbewegung entwickelt.

> Der erste Schritt ist der wichtigste: Tun Sie es einfach. Laufen Sie los – aber langsam! Denn wer sich überfordert, verliert schnell die Lust.

Ein echter Selbstläufer?

Doch von alleine läuft es sich leider nicht. Obwohl bereits eine Menge Bewegung in die Schar unserer Bekannten und Freunde gekommen ist (wie viele Leute kennen Sie, die regelmäßig joggen?), gibt es noch mehr Menschen, die gern laufen möchten, aber immer eine passende Ausrede parat haben. Sie wissen zwar, dass Laufen ihnen guttun würde, können sich aber auf Dauer nicht aufraffen. Für viele Anfänger endet die Laufkarriere daher fast so genauso schnell wie das Rennen für einen Formel-1-Fahrer, der den Motor seines Boliden gleich am Start abwürgt.

Kommt Ihnen das bekannt vor? Haben Sie auch schon einige Anläufe hinter sich? Haben Sie dabei aber auf der Stelle getreten und nach kurzer Zeit aufgegeben? Dann vertrauen Sie sich uns an. Wir bringen Sie auf den richtigen Weg – den zweiten Bildungsweg sozusagen. Denn mit unserem »Von null auf zehn«-Programm joggen auch absolute Anfänger in 26 Wochen zum ersten Mal in ihrem Leben zehn Kilometer an einem Stück – und das ganz ohne Stress. Wie wir Sie so weit bringen werden? Ganz einfach: mit Erfahrung und Geduld.

Die erste und wichtigste Lektion lautet:
GEHEN SIE DIE SACHE LANGSAM AN!

Die häufigste Ursache für den schnellen Burnout ist, viel zu überhastet loszulegen und viel zu viel von sich zu erwarten. Seien Sie bescheiden. Freuen Sie sich auch über kleine Erfolge – dann werden Sie schon bald große Siege feiern. Wichtig ist, dass Sie überhaupt in Bewegung kommen, und da reichen die ganz kleinen Schritte allemal. An Rennen und Wettkämpfe sollten Sie bis auf Weiteres keinen Gedanken verschwenden.

Das tun ohnehin nur die wenigsten. Denn selbst wenn die Felder der großen City-Marathons bereits Monate vor dem Startschuss ausgebucht sind und auch kleine Läufe in der Provinz jährlich neue Teilnehmerrekorde verbuchen – Wettkampfläufer sind eindeutig in der Minderheit. Bei sämtlichen Volksläufen in Deutschland erreichten im letzten Jahr insgesamt gut 1,9 Millionen Teilnehmer das Ziel – Mehrfachtäter und Vielstarter mitgezählt. Nur gut zehn Prozent der Jogger nehmen also überhaupt an Wettbewerben teil. Der Rest trabt hin und wieder locker oder ein wenig flotter, trottet alleine oder in einer Gruppe eine kleine oder größere Runde. Ob sie dabei ein paar Minuten schneller oder langsamer unterwegs sind als beim letzten Mal, ist vollkommen egal. Und genau zu dieser überwältigenden Mehrheit der Fitnessläufer können auch Sie in wenigen Wochen gehören.

Vom belächelten Huschen zum Massenmarathon

Als das Laufen in Deutschland noch in den Kinderschuhen steckte, sah die Lage allerdings ganz anders aus. Denn kaum ein Sport hat sich in den letzten Jahrzehnten so gewandelt. In den 1970er-Jahren galten Jogger als wundersame Exoten, die in Baumwollshirt, labberiger Jogginghose und Pudelmütze durch den Wald huschten oder mit grimmigem Blick Bestzeiten hinterherjagten. Spaziergänger hatten dafür höchstens ein spöttisches »Hopp, Hopp, Hopp« oder ein ebenso wenig aufmunterndes »Schneller, schneller!« übrig. Die breite Öffentlichkeit nahm von den Läufern erst Notiz, als die Straßen in den Städten für Marathonläufe gesperrt wurden, als die Zuschauer sich von der Stimmung animiert fühlten und vom Mythos Marathon angezogen oder gar herausgefordert wurden. Die Fitnesswelle, die Mitte der 1980er-Jahre aus den USA über

Mit Zielen wie Halbmarathon oder gar Marathon sollten Sie sich am Anfang nicht tragen. Setzen Sie sich nicht unter Leistungsdruck – das verdirbt die Laune.

den großen Teich nach Europa schwappte, bescherte auch Deutschland (sowie England, Frankreich und anderen Ländern) einen wahren Marathonboom. Plötzlich wollte (und will immer noch) jeder einmal den »Everest des kleinen Mannes« erklimmen und ist auch bereit, dafür eifrig zu trainieren und viele Entbehrungen in Kauf zu nehmen.

Fünf gute Gründe für den Start

Ein weiterer Vorteil des Laufens ist die überschaubare Grundausrüstung. Zu Beginn reichen ein Paar Laufschuhe und funktionelle Kleidung.

Der Aufwand, um beim Laufen spürbare Effekte zu erzielen, ist verhältnismäßig gering. Dies ist jedoch nur ein Argument, warum sich Läufer seit Jahren auf der Überholspur bewegen. Denn es gibt genügend weitere gute Gründe, um mit dem Joggen zu beginnen:

▶ Laufen ist einfach: Die Technik haben Sie von Kindesbeinen an gelernt. Sie brauchen keine Trainerstunden, sondern setzen einfach einen Fuß vor den anderen – und schon läuft es fast von ganz allein.

▶ Laufen geht überall: Egal ob zu Hause, im Urlaub oder auf Dienstreise – joggen können Sie überall. Sie sind nicht an bestimmte Zeiten gebunden und müssen auch keinen Platz mieten. Und ein Paar Laufschuhe passt immer ins Gepäck.

▶ Laufen kann jeder: Wenn Sie gesund sind, nicht an einer schweren akuten oder chronischen Erkrankung leiden, gibt es keinen Grund, der gegen das Joggen spricht. Vor allem brauchen Sie kein olympiareifes Lauftalent zu sein, um Spaß zu haben!

▶ Laufen geht immer: Es gibt keine Altersbeschränkung für Jogger. Laufen ist ein Sport, der Sie Ihr Leben lang begleiten kann – wenn Sie es locker genug angehen.

▶ Laufen macht Laune: Joggen schärft die Sinne – Sie werden die Natur und Umwelt mit anderen Augen sehen. So kann jeder Lauf zu einem kleinen, ganz speziellen Erlebnis werden.

Doch inzwischen ist die dritte Joggergeneration aus den Startlöchern gekommen: die Fitnessläufer. Der Kampf um Sekunden ist für sie Nebensache – ihnen geht es um das große Ganze, um ihre Gesundheit. Egal ob sie mit dem Läufervirus infiziert wurden, nachdem sie merkten, dass ihnen im Treppenhaus im zweiten Stock die Puste ausging, der Zeiger der Waage in schwindelerregende Höhen stieg oder sie einfach nur einen Ausgleich zum Büroalltag auf dem Schreibtischstuhl suchten. Wird das regelmäßige Workout erst einmal zur Selbstverständlichkeit, profitieren Sie nicht nur von den gesundheitlichen Vorzügen des Joggens. Sie werden auch selbstbewusster, können gut vom Alltag abschalten, und es wächst die Erkenntnis: Sport macht Spaß! Und das am schnellsten und gesündesten, wenn Sie gerade am Anfang bewusst das Tempo drosseln. Kein Wunder, dass Sportwissenschaftler jubeln, weil Walking und Nordic Walking sich inzwischen als

Deutschland läuft – denn inzwischen steht fest: Laufen ist kein Trendsport, sondern längst schon eine Massenbewegung.

zusätzliche Sportarten für den sanften Einstieg etabliert haben.

Schließlich lassen sich auch mit geringem Einsatz große Erfolge erzielen. Als optimales Verhältnis zwischen Aufwand und Wirkung empfehlen Sportwissenschaftler drei Einheiten pro Woche à 40 Minuten – etwa das Pensum, mit dem Sie auch den Sprung von null auf zehn schaffen. Und selbst wenn Sie nur zehn Minuten unterwegs sind, machen Sie Fortschritte. So zeigen zwei Studien der amerikanischen Universitäten in Stanford und New Hampshire, dass die Trainingseffekte nahezu identisch sind, wenn Sie pro Trainingseinheit 30 Minuten am Stück joggen oder die halbe Stunde in 3-mal 10 Minuten bzw. 2-mal 15 Minuten aufteilen. Auf jeden Fall verbessert sich Ihre Ausdauer, und Herzfrequenz und Gewicht sinken.

Gesund auf Trab

Eigentlich müssten Sie die Kosten Ihrer Laufschuhe von Ihrer Krankenkasse voll erstattet bekommen – oder zumindest einen Zuschuss erhalten. Denn wenn es um die Prävention von Krankheiten geht, kann kaum ein Sport mit dem Joggen mithalten. Laufen hat positive Auswirkungen auf sämtliche Prozesse im menschlichen Körper und führt zu einer ökonomischeren Arbeit nahezu aller Organe. Ihr Körper wird einfach leistungsfähiger, kann sich so besser gegen Krankheiten zur Wehr setzen und verschleißt nicht so schnell.

Den besten Effekt hat Ausdauertraining auf das Herz-Kreislauf-System. Doch auch andere Organsysteme profitieren davon.

Die beste Gesundheitsvorsorge überhaupt

Ob Herz-Kreislauf-System, Verdauung oder geistige Leistungsfähigkeit – regelmäßiges Laufen ist das Beste, was Sie in puncto Gesundheitsvorsorge für Ihren Körper tun können. Einige Effekte merken Sie sofort, andere machen sich durch eine dauerhafte Gesundheit bis ins hohe Alter bemerkbar.

Mit dem Herzen dabei

Der Vergleich zwischen einem trainierten und einem untrainierten Herz ist etwa so wie der zwischen einem Zweitakt-Motorrad und einer Acht-Zylinder-Nobelkarosse. Denn Laufen führt zu einer Vergrößerung des Herzvolumens – bei Wettkampfsportlern kann mit der Zeit das so genannte Sportlerherz entstehen. Die Folge: Um die gleiche Menge Blut durch den Körper zu pumpen, muss das Herz deutlich weniger schlagen. Der Ruhepuls sinkt, da das Herz einen größeren Hubraum hat. Dabei verbessert sich auch die Durchblutung der Herzmuskulatur, die ökonomischer arbeitet und weniger Sauerstoff benötigt. Das Herz schlägt einfach runder.

Ähnlich sind die Anpassungen der übrigen Organe. Die Durchblutung steigt und damit auch die Energie- und Sauerstoffversorgung. Abfallprodukte und Giftstoffe werden effizienter entsorgt.

Gesundheits-Pluspunkte auf einen Blick

Beim regelmäßigen Laufen profitiert der Körper u. a. von den folgenden Verbesserungen:

Herzfrequenz in Ruhe und bei Belastung	▼
Blutdruck in Ruhe und bei Belastung	▼
Sauerstoffbedarf des Herzens	▼
Schlagvolumen des Herzens	▲
Energieverbrauch des Körpers	▲
Insulinbedarf des Körpers	▼
Übergewichtrisiko	▼
Gefahr von Fettstoffwechselstörungen	▼
Herzinfarktrisiko	▼
Schlaganfallrisiko	▼
Risiko von Krebserkrankungen (Brust, Prostata, Darm)	▼
Risiko von Demenzerkrankungen (z. B. Alzheimer)	▼
Risiko von Nierenleiden	▼
Geistige Leistungsfähigkeit	▲
Stresstoleranz	▲
Gefahr von Depressionen	▼

Laufen ist eine Langzeitinvestition in Ihre Gesundheit – es mindert das Risiko zahlreicher Erkrankungen.

Was Laufen unmittelbar für Ihren Körper tut

Die langfristigen gesundheitlichen Vorteile des Laufens sind zwar beeindruckend – allerdings für den (noch) Gesunden kaum zu spüren. Doch es gibt auch direkte positive Auswirkungen auf die alltägliche Lebensqualität.

Zu den vielen gesundheitlichen Vorteilen des Laufens gehört auch mehr Ausgeglichenheit.

Weniger Stress, mehr Schlaf

Laufen reguliert die Freisetzung von Leistungshormonen wie Adrenalin, Noradrenalin und Kortisol. Eigentlich handelt es sich um sehr sinnvolle, ja sogar lebenswichtige Substanzen, die es uns ermöglichen, in Belastungssituationen körperlich, seelisch und geistig maximal leistungsfähig zu sein. Heute finden diese Belastungen praktisch nur noch im psychischen bzw. emotionalen Bereich statt. Wir sprechen von Stress und halten das für etwas ganz Schreckliches.

In Wirklichkeit reagiert der Körper aber völlig normal – wären nur auch die Belastungen normal. Denn wird der Körper gar nicht gefordert, sinkt im Laufe der Zeit auch seine Belastbarkeit. Sobald jedoch ein ausreichendes Maß an Bewegung vorhanden ist, wird der Stress nivelliert, und wir fühlen uns trotz hoher psychischer Anforderungen ausgeglichener. So können wir beispielsweise besser einschlafen und sind morgens ausgeruht.

Schön schlank

Joggen ist einer der effektivsten Fettkiller, da der Kalorienverbrauch im Vergleich zu anderen Sportarten relativ hoch ist. So machen Sie den überflüssigen Pölsterchen den Garaus. Sie stellen die Balance zwischen Energieaufnahme und Energieverbrauch wieder her.

Gleichzeitig wird beim Laufen das Enzym Cholezystokinin ausgeschüttet, das die Funktion einer natürlichen Appetitbremse hat. Die Folge: Sie haben nach der Bewegung eine Zeit lang weniger Hunger. Außerdem hilft Joggen bei Verdauungsproblemen. Weitere Tipps zum effektiven Fatburning durch Laufen finden Sie ab Seite 54.

Nie wieder Grippe

Um durch Viren oder Bakterien verursachte Infektionen zu bekämpfen, produziert der Körper Abwehrzellen, u. a. so genannte Killerzellen. Deren Aktivität steigt bei Läufern auf ein Mehrfaches an. Dieser Effekt tritt insbesondere beim langsamen Joggen ein. Schnelle und sehr intensive Belastungen (z. B. ein Marathonlauf) können hingegen zur starken Erschöpfung führen – unter der dann auch das Immunsystem leidet. Je anstrengender also eine Belastung ist, desto größere Vorsicht ist geboten (bei Kälte Handschuhe und Mütze tragen, sofort trockene Kleidung anziehen, Zug meiden usw.).

Bei einer leichteren Erkältung müssen Sie nicht unbedingt eine Laufpause einlegen – bei Fieber dagegen gehören Sie auf jeden Fall ins Bett!

Schlaues Köpfchen

Wie der ganze Körper, so wird auch das zentrale Nervensystem beim Joggen besser mit Sauerstoff versorgt – Experten sprechen von einer Steigerung um 100 Prozent. Eine aktuelle Studie der Universität Ulm belegt, dass bereits drei Laufeinheiten pro Woche à 30 Minuten die Konzentrations- und Merkfähigkeit steigern können. Außerdem zeigen Untersuchungen der Berliner Charité, dass Joggen während der Schwangerschaft positive Auswirkungen auf das ungeborene Kind zu haben scheint. Zumindest in Tierversuchen mit Mäusen erhöhte sich die Zahl der Nervenzellen in für Lern- und Gedächtnisprozesse wichtigen Hirnarealen um 40 Prozent. Fest steht jedenfalls, dass Laufen zu einer vermehrten Ausschüttung des Kreativitätshormons ACTH führt. Einer groß angelegten US-amerikanischen Studie zufolge reduziert tägliche Bewegung das Risiko, an dem Demenzleiden Alzheimer zu erkranken, um etwa die Hälfte. Fazit: Nicht nur unser Körper, auch unser Gehirn benötigt ausreichende Bewegung, um fit zu sein!

Laufen macht Lust

Joggen verlangsamt nicht nur den körperlichen Alterungsprozess, es erhöht auch das Selbstwert- und Körpergefühl. Man spricht von emotionaler Stabilisierung. Dadurch steigt Ihre Widerstandsfähigkeit gegen Depressionen und andere psychosomatische Störungen. Es gibt mittlerweile kein bewährtes

Behandlungskonzept für diese zahlenmäßig schnell zunehmenden Krankheiten mehr, in dem Bewegung keine zentrale Rolle spielt. Zu mehr Lebensfreude gehört auch der Spaß an sexueller Aktivität. Eine Untersuchung der Harvard School of Public Health zeigt, dass regelmäßiger Sport bei Männern das Impotenzrisiko um 30 Prozent senkt.

Heile Haut

Hartnäckig hält sich das Gerücht, Joggen verhindere ein schwaches Bindegewebe nicht, sondern fördere es sogar. Als Hauptargument wird vorgebracht, der ständige Aufprall bei der Landung lockere das Bindegewebe und führe so zur berüchtigten Orangenhaut. Mal ganz unter uns: Das ist völliger Unsinn. Das genaue Gegenteil ist der Fall. Ausdauertraining regt den Stoffwechsel an, trainiert die Muskeln und kräftigt das Bindegewebe. Wenn Sie möchten, können Sie aussehen, wie es heute als attraktiv gilt: rank und schlank.

Eine schöne Haut bekommen Sie beim Laufen nicht nur durch das straffere Bindegewebe – die bessere Durchblutung trägt ihren Teil dazu bei.

Laufen trotz Krankheit

Joggen beugt vielen Zivilisationskrankheiten jedoch nicht nur wirksam vor. Nachdem in der Vergangenheit unwissende Ärzte ihren bereits erkrankten Patienten oft den Rat erteilten, sich zu schonen, belegen inzwischen viele Studien, dass Laufen die Lebenserwartung erhöht und auch eine hervorragende Behandlungsmethode sein kann. Denn wer sich aufgrund einer Krankheit gar nicht bewegt, gerät in einen Teufelskreis: Viele Prozesse im menschlichen Körper funktionieren nur dann einwandfrei, wenn sie durch ausreichende Bewegung aktiviert werden. Ein anschauliches Beispiel ist die Muskulatur: Die Muskelmasse nimmt bei körperlicher Inaktivität ab. Dadurch sinkt auch der Energieverbrauch – und im gleichen Maße steigt das Körpergewicht. Zudem werden viele Körperregionen weniger durchblutet. Bevor Sie mit dem Laufen beginnen, sollten Sie jedoch unbedingt einen Arzt konsultieren und Ihren Trainingsplan mit ihm absprechen. Bei folgenden Krankheiten ist die Wirksamkeit des Joggens inzwischen bewiesen:

Arthrose Noch ein Beispiel aus dem unerschöpflichen Fundus medizinischer Märchen: Immer wieder wird behauptet, Laufen führe zu Arthrose. Das sagen natürlich vor allem die, die nicht laufen – ohne dass sie einen Beweis für diese Behauptung hätten. In Deutschland werden jährlich fast 200 000 Hüftgelenke und mehr als 80 000 Kniegelenke durch künstliche ersetzt. Oft sind die Menschen, die diese Operationen benötigen, übergewichtig und leiden an Bewegungsmangel, Koordinationsstörungen und untrainierter Muskulatur. Läufer findet man selten unter diesen Patienten.

Asthma bronchiale Regelmäßiges Ausdauertraining trainiert die Atmung. Asthmatisch verengte Gefäße weiten sich. Zudem kann die Zahl der Asthmaanfälle sinken, meist sind diese auch besser zu beherrschen. Wer an Asthma leidet, sollte darauf achten, nicht dort zu joggen, wo Anfall auslösende Substanzen anzutreffen sind. Nehmen Sie immer ein Asthmaspray mit und halten Sie sich an ein für Sie optimales, d. h. entspanntes Tempo.

Laufen ist auch bei Asthma keineswegs verboten. Im Gegenteil: Es kann die Beschwerden sogar lindern!

Depressionen Zahlreiche wissenschaftliche Untersuchungen belegen, dass regelmäßiges Ausdauertraining (z. B. 3-mal pro Woche 30 bis 40 Minuten) bei Depressionen und depressiven Verstimmungen ebenso effektiv ist wie eine Behandlung mit Medikamenten. Vor allem wird durch das Laufen die Wahrscheinlichkeit verringert, dass die Erkrankung wiederkehrt.

Diabetes mellitus Diabetes Typ 2 ist das Musterbeispiel für eine Erkrankung, die durch das Fehlverhalten des Betroffenen entsteht. Weltweit gibt es derzeit etwa 230 Millionen Diabetiker, in wenigen Jahren werden es 350 Millionen sein – mit furchtbaren Folgen für viele der Erkrankten (Erblindung, Nierenversagen, Amputation), aber auch für die nicht Betroffenen (ständige Kostensteigerung der Gesundheitssysteme). Rund zwei Drittel aller Diabetiker könnten ihre Krankheit durch eigenes Zutun, d. h. durch mehr Bewegung und eine angemessene Ernährung, besiegen. Diese Therapie ist wirksamer als die besten Medikamente.

Diabetes Typ 2 bezeichnete man früher als Altersdiabetes. Leider sind mittlerweile auch immer mehr junge Menschen und sogar Kinder davon betroffen.

Herzerkrankungen Nach einem Herzinfarkt sind Herzsportgruppen inzwischen der entscheidende Bestandteil der anschließenden Rehabilitation. Früher kamen diese Patienten ins Bett, heute (zum Glück) aufs Fahrrad, auf den Walking-Trail oder auf den Stepper. Aber auch bei chronischen Herzerkrankungen kann Laufen durchaus sinnvoll sein. So zeigte eine US-Studie bereits im Jahr 1993, dass das relative Risiko für einen Herzinfarkt oder für Herzrhythmusstörungen um ein Vielfaches sinkt, wenn man sich fünfmal pro Woche bewegt.

Krebserkrankungen Insbesondere Tumorpatienten wurde in der Vergangenheit vor allem eins verordnet: Ruhe. Dabei lassen Studien inzwischen vermuten, dass die Patienten durch den Sport widerstandsfähiger werden und auf diese Weise die hohen psychischen und physischen Belastungen der Krankheit und der Behandlung – etwa eine Operation, Bestrahlung oder Chemotherapie – besser überstehen. So konnte beispielsweise gezeigt werden, dass Darmkrebspatienten seltener Rückfälle erleiden, Brustkrebspatientinnen länger leben und Hautkrebstumore langsamer wachsen, wenn die Patienten regelmäßig Sport treiben.

Migräne Nach Angaben der Deutschen Migräne- und Kopfschmerz-Gesellschaft kann Joggen gegen akuten Kopfschmerz helfen. Bei einem akuten Migräneanfall sollte man allerdings nicht laufen. Verschiedene Studien zeigen jedoch, dass regelmäßiges Training die Intensität, die Häufigkeit und die Dauer von Kopfschmerzattacken vermindern kann.

Übergewicht Ein zu hohes Körpergewicht gehört zu den wichtigsten Risikofaktoren für eine Vielzahl von Erkrankungen. Dazu gehören beispielsweise auch Herzinfarkt, Schlaganfall und verschiedene Krebsleiden. Zu üppige Mahlzeiten steigern den Insulinbedarf des Körpers, und Insulin als unser stärkstes »Speicherhormon« sorgt für eine rasche Gewichtszunahme. Wer sich aber regelmäßig bewegt, kommt mit einem geringeren Insulinspiegel aus und kann auf diese Weise auch sein Körpergewicht stabil auf einem niedrigen Niveau halten.

Dauerhaft bekommen Sie Übergewicht nur durch regelmäßige Bewegung und eine ausgewogene Ernährung in den Griff. »Stoffwechselumstellung« heißt das Zauberwort.

Fünf fitte Fakten

1. Sie sind nicht allein. Joggen hat in den letzten Jahren einen riesigen Zulauf erfahren und ist inzwischen eine der am weitesten verbreiteten Sportarten.

2. Scheitern ist keine Schande. Selbst wenn Ihre bisherigen Versuche, mit dem Laufen zu beginnen, nicht von Erfolg gekrönt waren, ist der Zug für Sie noch längst nicht abgefahren.

3. Langsam läuft sich's leichter. Setzen Sie sich nicht unter Druck, sondern nur einen Fuß vor den anderen.

4. Joggen ist der beste Rundumschutz. Keine andere Sportart wirkt sich so positiv auf Ihre Gesundheit aus wie das Joggen.

5. Eine Krankheit muss nicht das Ende Ihrer Läuferkarriere bedeuten. Bei vielen Beschwerden ist Joggen eine hervorragende Therapie – oder zumindest ein Teil davon.

Die ersten

Schritte

So läuft es rund – das
Training von Anfang an
richtig beginnen und mit
Spaß dabei sein

Tipps für Einsteiger

Beim Laufen den Anfang zu machen ist leicht – wenn Sie es sich nicht selbst schwer machen. Niemand erwartet von Ihnen, dass Sie sich innerhalb weniger Wochen zum Marathon-Finisher trimmen. Für einen Marathon ist eine ausreichende Vorbereitung notwendig, und Sie tun gut daran, wenn Sie nicht sofort an ein solch anspruchsvolles Ziel denken. Andererseits sind es natürlich die Ziele, die die Welt bewegen – allerdings mit einem Einstieg, der Ihrer Leistungsfähigkeit entspricht. Lassen Sie es locker, leicht und langsam angehen. Möglicherweise gehören Sie damit zu einer Minderheit; denn Experten gehen davon aus, dass ein hoher Prozentsatz aller Läufer zu schnell unterwegs ist

Große Erfolge – auch mit kleinen Schritten

Bei einem Verbrauch von 500 bis 800 kcal pro Woche

		nach 1 Jahr
Systolischer Blutdruck (mmHg)	145,6	133,8
Diastolischer Blutdruck (mmHg)	95,8	84,4
Cholesterin (mg/dl)	205,2	204,4
Körperselbstbild*	3,32	3,58
Beschwerden**	2,06	1,82
Subjektiver Gesundheitszustand***	3,28	3,55

Bei einem Verbrauch von über 1000 kcal pro Woche

		nach 1 Jahr
Systolischer Blutdruck (mmHg)	142,2	132,6
Diastolischer Blutdruck (mmHg)	93,1	83,8
Cholesterin (mg/dl)	223,2	214,2
Körperselbstbild*	3,31	3,99
Beschwerden**	1,93	1,73
Subjektiver Gesundheitszustand***	3,13	3,63

*1 = sehr negativ; 6 = sehr positiv   **1 = keine; 6 = sehr viele   ***1 = sehr schlecht; 6 = sehr gut   Quelle: Universität Bayreuth

und sich unnötig unter Druck setzt. Warum sollten Sie beim Joggen schon nach wenigen Minuten aus der Puste kommen? Warum sollten die Muskeln brennen? Warum sollten Sie nach dem Training ausgelaugt und müde sein? Für all diese Anzeichen der Überforderung gibt es keinen triftigen Grund. Für Anfänger lautet die Devise vielmehr: Weniger Tempo – mehr Spaß!

Schon seit 1978 liegen die Fakten auf dem Tisch. Bereits bei einem zusätzlichen Energieverbrauch von wöchentlich 500 bis 800 Kilokalorien setzen die gesundheitlichen Wirkungen der Bewegung ein. Das bewies eine Aufsehen erregende Studie der Harvard Universität. Das bedeutet: Schon, wenn Sie sieben bis zehn Kilometer pro Woche laufen, verbessern Sie Ihre Gesundheit und Ihre Leistungsfähigkeit.

Natürlich darf es auch ein bisschen mehr sein. Das optimale Verhältnis zwischen Aufwand und Wirkung liegt bei etwa zwei Stunden Bewegung pro Woche – so erreichen Sie mit recht wenig sehr viel. Das sind 3-mal 40 Minuten – für Sie mit Sicherheit zu schaffen.

Grundlagen schaffen

Anfänger profitieren von einem Slow-Start gleich doppelt, denn in den ersten Monaten hat die Verbesserung der Grundlagenausdauer erste Priorität. Sie ist die gesunde Basis, auf der Sie Ihre zukünftige Fitness aufbauen. Es ist wie bei einem Haus, das nur auf einem soliden Fundament stabil ruht, das ausreichend Zeit hatte, auszutrocknen. Beginnen Sie zu früh damit, die Wände hochzuziehen, steht der Bau auf wackeligen Füßen und droht einzustürzen.

Steigern Sie dagegen Ihre Fitness kontinuierlich und mit Bedacht, wirft Sie auch eine Trainingspause – sei es aufgrund einer Verletzung oder weil Sie einfach mal keine Lust aufs Training haben – nicht so schnell aus der Bahn. Denn der Abbau der Leistungsfähigkeit erfolgt etwa in dem Tempo, in dem Sie sich Ihre sportlichen Fähigkeiten antrainiert haben. Bei einem langsamen Aufbau sinkt die Leistungsfähigkeit daher nicht so rapide. Bei einem Crashkurs reicht im Gegensatz dazu schon eine kleine Unterbrechung, und Sie sind wieder an dem Punkt, an dem Sie begonnen haben.

> Für Anfänger ist es das erste Ziel, pro Woche 3-mal 30 bis 40 Minuten ohne Pause unterwegs zu sein. So verbessern Sie am schnellsten die Grundlagenausdauer. Verschwenden Sie keinen Gedanken an Ihr Lauftempo oder an die zurückgelegten Kilometer.

Nachgefragt bei Prof. Dr. Wessinghage

Muss ich mich vor dem Joggen aufwärmen?

Ruhiges Laufen ist Aufwärmen! Nichts anderes tun die Profis vor ihren Wettkämpfen. Gehen Sie Ihr Training in den ersten Minuten einfach ein wenig langsamer an, dann kommen Muskeln und Herz-Kreislauf-System kontinuierlich auf Betriebstemperatur. Und ebenso wichtig: Verzichten Sie auf einen Endspurt. Statt sich auszupowern, sollten Sie die letzten Minuten lieber wieder besonders locker traben – das beschleunigt die Regeneration.

Geben Sie Ihrem Körper Zeit, sich an die für ihn neue Belastung zu gewöhnen. Wahrscheinlich werden Sie schnell Fortschritte machen – doch erwarten Sie keine Wunder.

Am effektivsten verbessern Sie Ihre Grundlagenausdauer mit regelmäßigen, nicht zu langen Läufen. Was für Anfänger bedeutet, dass sie in aller Ruhe nur einen Fuß vor den anderen zu setzen brauchen, nicht zu lang und nicht zu schnell. Es zählt zunächst nur die Zeit, die Sie auf den Beinen sind. Selbst Gehpausen sind kein Grund, vor Scham im Boden zu versinken. Sie sind jederzeit erlaubt, oft sogar notwendig und für absolute Einsteiger ein wichtiger Bestandteil des ersten Trainingsplans (siehe S. 37): Ihr Puls beruhigt sich, die Muskeln erholen sich, und Sie können mal wieder in Ruhe durchatmen. So halten Sie schon nach kurzer Zeit 20 oder 30 Minuten Bewegung durch.

Kein Kaltstart

Wer zu schnell zu intensiv trainiert, verliert nicht nur die Lust, sondern gefährdet auch seine Gesundheit. Wenn Sie sich ein neues Auto kaufen, brausen Sie ja auch nicht mit Vollgas vom Hof des Händlers, sondern fahren den Motor auf den ersten 1000 Kilometern langsam und vorsichtig ein. Ähnlich ist es bei Ihrem Körper: Auch er muss sich auf die noch ungewohnte Belastung einstel-

len. Ansonsten drohen Überlastungsprobleme an Muskeln und Sehnen sowie die schon erwähnte Überforderung Ihrer Regenerationsfähigkeit. Durch einen dosierten Einstieg geben Sie Ihrem Körper die Gelegenheit, sich nach und nach an die geforderten Belastungen anzupassen. Training ist eine (kurzfristige) Störung Ihres Organismus, auf die er mit positiver Anpassung reagiert (die so genannte biologische Reizantwort). Dafür braucht er jedoch etwas Zeit. Deshalb lassen sich die ersten strukturellen Trainingserfolge (z.B. mehr Muskulatur, weniger Fett) auch erst nach einigen Wochen messen.

Anpassung der Körpersysteme

- Vegetatives Nervensystem
- Herz-Kreislauf-System
- Muskulatur
- Sehnen/Bänder
- Knochen/Knorpel

Quelle: Zentrum für Gesundheit, Köln

Ab zum Arzt

Die erste Laufeinheit absolvieren Sie am besten unter Aufsicht eines Arztes. Schön wäre es, wenn Sie den Mediziner Ihres Vertrauens bitten könnten, Sie auf einer Joggingrunde zu begleiten – das täte ihm auch gut. Wenn Sie jedoch seit längerer Zeit keinen oder kaum Sport getrieben haben, ist der Check-up beim Sportarzt Pflicht. Nur er kann ihre körperlichen Voraussetzungen richtig einschätzen.

Während sich das Herz-Kreislauf-System relativ schnell anpasst, brauchen Knochen und Korpel deutlich länger dafür.

▶ Leiden Sie unter orthopädischen Problemen, die besondere Vorsichtsmaßnahmen erfordern?

▶ Ist Ihr Herz gesund und voll belastbar?

▶ Sollten Sie aufgrund von Übergewicht oder anderen Risikofaktoren vielleicht erst einmal mit Walking beginnen?

Der Arzt wird Sie nicht nur äußerlich untersuchen, sondern auch Blutdruck und Blutwerte messen, ein Belastungs-EKG vornehmen und Ihr Herz per Ultraschall unter die Lupe nehmen. Hat er dann keine Einwände mehr, steht Ihrem Start ins Läuferleben absolut nichts mehr im Wege!

Die Laufstrecke

Schuhe schnüren, und los geht's. Doch zunächst ist der Weg das Ziel: In Groß-
städten z.B. ist es manchmal gar nicht so einfach, eine geeignete Strecke zu
finden. Hier ein paar Tipps für die Suche nach Ihrem persönlichen Trimm-
dich-Pfad:

Ab in den Park In den Städten hat bereits in nahezu jeder Parkanlage eine
kleine oder größere Joggergemeinde ihre Nische gefunden. Erkundigen Sie
sich bei Freunden oder Bekannten, die bereits zur »Läuferszene« gehören, wo
sie trainieren. Oder fragen Sie im nächsten Lauf-Shop.

Kreislauf Die meisten Läufer empfinden einen Rundkurs als angenehmer, als
von A nach B zu laufen und dann umzukehren.
Doch das ist Geschmackssache.

Safety first Insbesondere für Frauen gilt: Suchen
Sie sich eine Strecke, die abends und während der
Dämmerung beleuchtet ist und möglichst auch
noch von anderen Läufern genutzt wird. Das gibt
Ihnen mehr Sicherheit.

Abwechslung Im optimalen Fall haben Sie
mehrere Strecken über verschiedene Distanzen
zur Auswahl. Beleuchtet auf Asphalt (eben, glatt,
keine Sturzgefahr) für die Dämmerung, im Park
oder Wald fürs Wochenende. Gut wäre auch eine
Strecke in der Nähe Ihres Arbeitsplatzes für die
Mittagspause.

Harte Fakten Keine Angst vor Asphalt. Das
Laufen auf dem harten Untergrund ist längst
nicht so schädlich wie vermutet. Zwar steigt die
Belastung für Sehnen und Gelenke geringfügig
an, was aber dank moderner Laufschuhe kein
Problem mehr ist.

Bringen Sie Abwechslung ins Training und wandeln
Sie auch mal auf weniger ausgetretenen Pfaden.

Trend – Trailrunning

Wenn es Ihnen auf der Hausrunde zu langweilig wird, verlassen Sie doch mal die ausgetretenen Wege – beim Trailrunning. Biegen Sie im Wald einfach mal auf einen der kleinen Trampelpfade ab, bei denen Sie schon immer gerätselt haben, wo sie eigentlich hinführen. Das Abenteuer, auf unbekannten Wegen zu wandeln, die sich kurvenreich in einem stetigen Auf und Ab durch die Natur schlängeln, macht den Reiz des Trailrunning aus.

Und neben dem Erlebnis bekommen Sie noch einen Trainingsbonus: Das Joggen über Stock und Stein fördert nicht nur die Ausdauer. Der unebene Untergrund erfordert hohe Konzentration und verbessert die Koordination. Zudem ist das Joggen im hügeligen Gelände ein natürliches Intervalltraining, das Sie langfristig schneller macht und die Muskeln stärkt. Natürlich sollten Sie stets auf Baumwurzeln oder Unebenheiten achten. Einen heruntergefallenen Ast oder ein anderes Hindernis überwinden Sie nur dann mit einem Sprung, wenn Sie den Boden dahinter gut im Blick haben – ansonsten lieber abstoppen und vorsichtig hinüberklettern.

Für manchen Läufer ist Abwechslung das A und O, andere laufen lieber die gewohnte Strecke, bei der sie das Gehirn gewissermaßen auf Leerlauf stellen können. Finden Sie heraus, was Ihnen mehr liegt.

Raus ins Grüne Natürlich ist es im Vergleich zu aufwändigeren Sportarten wie beispielsweise Tennis oder einem Mannschaftssport im Verein ein besonders angenehmer Aspekt des Laufens, dass Sie nur vor die Tür treten müssen und direkt loslegen können. Da aber die wenigsten Läufer einen »eigenen« Park direkt vor der Haustür haben, trainieren viele ausschließlich in der Stadt zwischen Häusern und Geschäften. Unser Tipp: Gönnen Sie sich am Wochenende doch mal einen Ausflug in den Wald. Es gibt einfach kein schöneres Lauferlebnis, als über den weichen, federnden Waldboden zu traben und dabei die Natur zu genießen.

Walking – auf die sanfte Tour

Einfach loslaufen – oder die Sache locker angehen? Seit Walking und Nordic Walking auf dem Vormarsch sind (geschätzten 19 Millionen Joggern stehen etwa 6,5 Millionen Walker und rund 2 Millionen Nordic Walker gegenüber), stellen sich immer mehr Einsteiger diese Frage, bevor sie die ersten Schritte wagen. Zumal gerade Walkern wahre Wunder versprochen werden: Gelenkschonender, gesünder und effizienter sei der sanfte Ausdauersport.

So fragen sich viele Ausdauersportler, ob bei all diesen Versprechungen das Joggen überhaupt noch mithalten kann? Klare Antwort: Ja. Denn bei keinem Sport ist das Verhältnis zwischen Aufwand und Wirkung besser als beim Joggen – schon für sehr geringe Investitionen bekommen Sie ein Maximum zurück. So zeigen Studien, dass sowohl der Kalorienverbrauch als auch die Sauerstoffaufnahme beim Laufen höher sind als beim Nordic Walking oder Walking. Sie nehmen also schneller ab und trainieren auch Ihre Grundlagenausdauer effizienter.

Walking und Nordic Walking eignen sich hervorragend für den sanften Einstig in das Lauftraining. Das gilt insbesondere für Menschen mit Übergewicht, Gelenkproblemen und/oder anderen gesundheitlichen Beschwerden.

Sinnvolle Alternative

Für erfahrene Läufer ist Joggen meist der sinnvollere Sport. Wer bisher bereits ohne Probleme unterwegs ist, kann sich auch in Zukunft getrost flotter fortbewegen. Für Einsteiger gibt es dagegen gute Gründe, mit einem Walking- oder Nordic-Walking-Programm zu beginnen. Schließlich ist der durchschnittliche Deutsche übergewichtig, schlecht trainiert und bringt daher keine optimalen Voraussetzungen für den rasanten Einstieg in die schnellere Fortbewegungsvariante mit. Wer also schon beim Treppensteigen die Kniegelenke spürt, etliche Kilogramm zu viel mit sich herumträgt oder jahrzehntelang keine Sportschuhe mehr besessen hat, sollte sich erst einmal auf schnelles Gehen beschränken, vielleicht nur ein paar Wochen lang. Ob mit oder ohne Stöcke, ist dabei völlig egal. Beim Gehen gewöhnen Sie sich und Ihren Organismus vorsichtig an mehr Bewegung, spüren Ihren Körper wieder, vermeiden Muskelkater und andere Überlastungsschäden und halten zu Anfang länger durch. Von den gesundheitlichen Vorteilen des Ausdauertrainings profitieren Sie dabei wie beim Joggen – allerdings benötigen Sie für die gleiche Wirkung auf Fitness und Gesundheit mehr Zeit, grob gerechnet etwa die doppelte.

Walk on

Das schnelle Gehen ist ein idealer Gesundheitssport, insbesondere für ältere, übergewichtige oder gesundheitlich angeschlagene Menschen. Das Verletzungsrisiko ist geringer, die Stoßbelastung pro Schritt rund dreimal niedriger als beim Joggen – das ist insbesondere dann wichtig, wenn die Gelenke schon wehtun. Allerdings sind auch die Beanspruchungen des Herz-Kreislauf-Systems und der Muskeln nicht so hoch wie beim Joggen. Dennoch müssen sich Einsteiger keine Sorgen machen, dass sie nicht ausreichend gefordert werden. Der durchschnittliche Fitnessgrad in den Industrieländern ist mittlerweile so niedrig, dass man bereits mit langsamem Gehen messbare Effekte erzielt.

Gehpausen sind erlaubt. Der Wechsel zwischen Walken und Joggen erleichtert Einsteigern die ersten Schritte.

Nachgefragt bei Prof. Dr. Wessinghage

Wie messe ich meinen Ruhepuls?

Den Ruhepuls bestimmen Sie am besten morgens, direkt nach dem Aufwachen – während Sie also noch im Bett liegen. Halten Sie dafür Zeige- und Mittelfinger entweder auf die Pulsader an der Innenseite des Handgelenks oder an die Halsschlagader. Spüren Sie an beiden Stellen nichts, können Sie auch die Hand aufs Herz legen. Mit einer Uhr stoppen Sie dann 15 Sekunden und zählen die Herzschläge in dieser Zeit. Das Ergebnis multiplizieren Sie mit vier und erhalten so den Ruhepuls.

So erreichten in einer Studie der Universität Saarbrücken alle Gesundheitssportler und fast alle etwas besser trainierten Fitnessathleten auch beim Walking den für das Gesundheitstraining wirksamen Bereich von rund 65 Prozent der maximalen Leistungsfähigkeit.

Orientieren Sie sich beim Laufen an Ihrer Herzfrequenz. So können Sie sicher sein, dass Sie sich nicht überlasten. Dafür benötigen Sie einen Laktattest (siehe S. 51).

Deutschland geht am Stock – Nordic Walking

Kaum ein Sport konnte in den letzten Jahren ähnliche Zuwachsraten verzeichnen wie das Nordic Walking. Laut einer Studie der Gesellschaft für Konsumforschung (GfK) sind immerhin zwischen acht und zehn Millionen Bundesbürger daran interessiert, den Sport einmal auszuüben. Und damit liegen sie bestimmt nicht falsch. Denn durch den Stockeinsatz werden zusätzlich Arm-, Schulter- und Brustmuskulatur trainiert – allerdings nur, wenn die Technik richtig beherrscht wird.

Und genau da liegt das Problem: Experten gehen davon aus, dass bis zu 80 Prozent der Aktiven nicht sehr stilsicher sind. Häufigster Fehler: Die Stöcke schleifen nur neben dem Körper her, von aktivem Stockeinsatz kann keine Rede sein. Man macht damit zwar keinen gravierenden Fehler, verzichtet aber auf die rund 15 Prozent zusätzlichen Kalorienverbrauch, den das Nordic Walking gegenüber dem herkömmlichen schnellen Gehen bietet. Anders formuliert: Für die gleiche Trainingswirkung auf Herz-Kreislauf-System und Stoffwechsel müssen Sie ohne Stöcke (oder mit falscher Stocktechnik) ein bisschen länger gehen – 69 statt 60 Minuten.

Inzwischen werden jedoch allerorten Technikkurse angeboten. Erkundigen Sie sich bei Ihrer Krankenkasse danach. Einige Kassen haben selbst ein Kursprogramm, andere zahlen zumindest einen Zuschuss. Hauptsache – und darin sind sich alle seriösen Experten einig –, Sie gehen überhaupt. Ob mit oder ohne Stöcke (optimale Stocklänge = Körpergröße [in cm] mal 0,68), ob mit oder ohne Öffnen und Schließen der Hände bei jedem Schritt, ist völlig nebensächlich. Auf das Gehen kommt es an.

Die richtige Haltung

Nordic Walking Für den Diagonal-schritt ziehen Sie gleichzeitig den linken Arm und das rechte Bein vor – und umgekehrt. Der Arm pendelt aus der Schulter locker nach vorn, beim Rückschub den Griff der Hand öffnen. Setzen Sie den Stock im spitzen Winkel nach hinten auf. Bein und hinterer Arm sind beim Abstoß gestreckt.

Walking Die Arme 90 Grad anwinkeln und neben dem Körper locker mitschwingen. Die Hände sind entspannt. Der hintere Fuß löst sich vom Boden, wenn das Gewicht auf dem vorderen Fuß liegt. Vermeiden Sie große Auf- und Abbewegungen der Hüfte. Das Tempo steigern Sie durch eine höhere Schrittfrequenz, nicht durch eine größere Schrittlänge.

Quelle: FIT FOR FUN 09/04

Gut gerüstet

Das einzig Spezifische an Ihrer Nordic-Walking-Ausrüstung sind die Stöcke. Suchen Sie sich die Länge aus, die Ihnen angenehm ist. Probieren Sie mehrere Modelle aus und achten Sie darauf, dass die Griffe gut in Ihrer Hand liegen. Karbonstöcke sind zwar etwas teurer als Aluminiummodelle, fühlen sich beim Gehen aber komfortabler und vibrationsärmer an.

Auch in der Länge verstellbare Teleskopstöcke haben Vorteile: Sie können von mehreren Personen genutzt werden und eignen sich zudem hervorragend für das Bergwandern (daher stammen sie ja ursprünglich). Fixe Stöcke vibrieren allerdings weniger.

Der beste Einstieg

Mit Walking und Nordic Walking stehen Ihnen zwei weitere Möglichkeiten für den Einstieg in das Lauftraining zur Verfügung. Mit welcher Sportart Sie am schnellsten und gesündesten Fuß fassen, hängt von Ihren persönlichen Vorlieben und gesundheitlichen Gegebenheiten ab:

Einsteiger mit gesundheitlichen Problemen Wenn Sie noch nie oder lange keinen Sport getrieben haben und darüber hinaus an Übergewicht, einer Herzerkrankung oder orthopädischen Beschwerden leiden, ist Laufen nicht ratsam, da es die Beschwerden verschlimmern kann. Walking ist dagegen gut, Nordic Walking sogar sehr gut geeignet.

Gesunde Einsteiger Treten beim Laufen keine Probleme auf, können Sie diesen Sport bedenkenlos betreiben. Walking und Nordic Walking erleichtern den Einstieg ins Laufen, beim Walking fallen darüber hinaus keine zusätzlichen Kosten für die Stöcke an.

Wenn Sie eine der Steigerungsstufen im Trainingsplan auf S. 35 nicht bewältigen, gehen Sie zwei Stufen zurück und steigern Sie von dort Ihr Training erneut.

Wer's etwas sanfter mag, kann über Walking und Nordic Walking prima ins Lauftraining einsteigen.

Der (Nordic-)Walking-Plan

Mit drei bis vier Einheiten pro Woche schaffen Sie den Einstieg in das (Nordic) Walking locker. Wenn Sie Gelegenheit haben, sich mit anderen Walkern zu verabreden, fällt Ihnen der Start in die regelmäßige Bewegung sicherlich noch leichter. Die Verteilung der Trainingstage in der unten stehen Tabelle ist nur ein Vorschlag, Sie sollten Trainings- und Regenerationstage natürlich Ihrem Terminkalender anpassen. Beim (Nordic) Walking brauchen Sie sich zwischen den Einheiten keine speziellen Ruhephasen zu gönnen. Ein regelmäßiger, täglicher Wechsel von Training und Ruhe hat allerdings gewisse Vorteile, sowohl im körperlichen als auch im psychischen Bereich. An den Ruhetagen empfiehlt sich ein zusätzliches Dehn- und Kräftigungsprogramm.

	1. Woche	2. Woche	3. Woche	4. Woche
Montag	30 min (Nordic) Walking	Frei	Frei	Frei
Dienstag	Frei	30–45 min (Nordic) Walking	45 min (Nordic) Walking	45 min (Nordic) Walking
Mittwoch	30 min (Nordic) Walking	Frei	Frei	Frei
Donnerstag	Frei	45 min (Nordic) Walking	Frei	45–60 min (Nordic) Walking
Freitag	30–45 min (Nordic) Walking	Frei	30–45 min (Nordic) Walking	Frei
Samstag	Frei	30–45 min (Nordic) Walking	Frei	45 min (Nordic) Walking
Sonntag	Optional: 45–60 min (Nordic) Walking	Frei	45 min (Nordic) Walking	Frei

Gehpausen zu Beginn des Trainings sind nicht nur erlaubt, sondern sogar erwünscht. Auf diese Weise überfordern Sie sich nicht.

Trainierte Freizeitsportler Solange Sie beschwerdefrei laufen, ist Joggen sicher die effizienteste Sportart für Sie. Walking und Nordic Walking eignen sich aber durchaus auch als Alternativen, entweder als Ausgleichssportart oder zur Regeneration.

Das Einsteigerprogramm für Jogger

Wenn Sie gleich mit dem Joggen durchstarten wollen oder sich bereits mit Hilfe von Walking und Nordic Walking vorbereitet haben, ist Ihr erstes Ziel als Läufer die 30-Minuten-Grenze.

Mit drei Trainingseinheiten pro Woche können Sie diese möglicherweise innerhalb von nur acht Wochen knacken. Beginnen Sie, indem Sie ganz langsames Joggen und zügiges Gehen abwechseln und die Laufabschnitte nach und nach verlängern. So kommen Sie auf dem schnellsten Wege ans Ziel. Unser Einsteigerplan (siehe unten) soll Ihnen dabei lediglich zur Orientierung dienen. Die Zeitangaben sind ungefähre Größen – wenn Sie mal ein paar Minuten mehr oder weniger joggen oder gehen, ist das überhaupt kein Problem. Hauptsache, Sie orientieren sich an dem zugrunde liegenden Prinzip, von Woche zu Woche schrittweise den Anteil der Laufphasen zu steigern.

Wollen Sie sich danach das Training selbst einteilen, ist das prima. Benötigen Sie jedoch eine Anleitung, finden Sie auf den folgenden Seiten Ihr persönliches »Von-0-auf-10-Programm«. Damit können Sie Ihren Trainingseinsatz schrittweise steigern und gleichzeitig das Geleistete dokumentieren.

Laufen – die ersten acht Wochen

1. Woche
3 Einheiten à 30 Minuten: 8 x 2 Minuten joggen, Pause: jeweils 2 Minuten walken

2. Woche
3 Einheiten à 28 Minuten: 6 x 3 Minuten joggen, Pause: jeweils 2 Minuten walken

3. Woche
3 Einheiten à 34 Minuten: 6 x 4 Minuten joggen, Pause: jeweils 2 Minuten walken

4. Woche
3 Einheiten à 30 Minuten: 4 x 6 Minuten joggen, Pause: jeweils 2 Minuten walken

5. Woche
3 Einheiten à 34 Minuten: 3 x 10 Minuten joggen, Pause: jeweils 2 Minuten walken

6. Woche
3 Einheiten à 32 Minuten: 2 x 15 Minuten joggen, Pause: jeweils 2 Minuten walken

7. Woche
3 Einheiten à 42 Minuten: 2 x 20 Minuten joggen, Pause: jeweils 2 Minuten walken

8. Woche
3 x 30 Minuten joggen am Stück

Rahmentrainingsplan »Die ersten 10 Kilometer«

Phase 1: Der Einstieg

		Plan		Ist		
Woche	Dauer	Intensität	Umfang (km/Wo)	Dauer/Distanz	Pulsfreq. (1/min)	Umfang (km/Wo)
1	20-30 min 20-30 min 20-30 min		9-15 km			
2	20-30 min 30-40 min 20-30 min		9-15 km			
3	30-40 min 30-40 min 20-30 min		9-15 km			
4	30-40 min 30-40 min 30-40 min		9-15 km			
5	30-40 min 20-30 min 30-40 min		9-15 km			
6	30-40 min 20-30 min 40-50 min		9-15 km			
7	20-30 min 30-40 min 20-30 min		9-15 km			
8	20-30 min 40-50 min 20-30 min		10-20 km			
9	20-30 min 50-60 min 20-30 min		12-20 km			
10	20-30 min 40-50 min 30-40 min		10-20 km			
11	30-40 min 40-50 min 30-40 min		10-20 km			
12	20-30 min 50-60 min 30-40 min		12-20 km			
13	30-40 min 50-60 min 30-40 min		12-22 km			

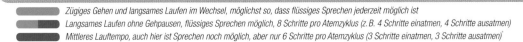

Zügiges Gehen und langsames Laufen im Wechsel, möglichst so, dass flüssiges Sprechen jederzeit möglich ist

Langsames Laufen ohne Gehpausen, flüssiges Sprechen möglich, 8 Schritte pro Atemzyklus (z. B. 4 Schritte einatmen, 4 Schritte ausatmen)

Mittleres Lauftempo, auch hier ist Sprechen noch möglich, aber nur 6 Schritte pro Atemzyklus (3 Schritte einatmen, 3 Schritte ausatmen)

Rahmentrainingsplan »Die ersten 10 Kilometer«

Phase 2: Stabilisierung und Verbesserung der Basisausdauer

Woche	Dauer	Intensität	Umfang (km/Wo)	Dauer/Distanz	Pulsfreq. (1/min)	Umfang (km/Wo)
		Plan			**Ist**	
14	30-40 min 20-30 min 30-40 min		12-20 km			
15	20-30 min 50-60 min 20-30 min 30-40 min		15-22 km			
16	30-40 min 30-40 min 30-40 min		12-20 km			
17	30-40 min 50-60 min 30-40 min 30-40 min		20-25 km			
18	30-40 min 20-30 min 30-40 min		12-20 km			
19	30-40 min 30-40 min 60-70 min 30-40 min		20-25 km			
20	30-40 min 30-40 min 30-40 min		15-20 km			
21	40-50 min 30-40 min 60-70 min 30-40 min		20-25 km			
22	30-40 min 30-40 min 40-50 min		15-20 km			
23	40-50 min 30-40 min 30-40 min 30-40 min		20-30 km			
24	40-50 min 30-40 min 45-55 min		20-25 km			
25	40-50 min 30-40 min 40-50 min 30-40 min		22-30 km			
26	40-50 min 30-40 min 60-65 min	10 km !	20-25 km			

Dehnübungen   *Nach jedem Lauf empfehlen wir für ca. 5-10 min leichte Dehn- und Lockerungsübungen.*

Kräftigungsübungen   *2- bis 3-mal pro Woche sollten zusätzlich zum Laufprogramm Kräftigungsübungen vorwiegend zur Stabilisierung der Rumpfmuskulatur durchgeführt werden.*

Das optimale Training

Ob für die Gesundheit, als Fatburner oder einfach aus Spaß an der Bewegung – wer richtig trainiert, erzielt optimale Erfolge

Lauftraining – die Basics

Laufen wird Sie verändern. Nicht nur äußerlich. Sie werden ein (etwas) anderer Mensch werden. Und dabei zählen – neben der schlankeren Figur und den wohlgeformten Muskeln – vor allem die inneren Werte. In diesem Kapitel wollen wir Ihnen einen kurzen und kompakten Überblick geben, wie Ihr Körper es schafft, die für den Sport notwendige Energie aufzubringen. Wir wollen Ihnen helfen, Ihr Training effektiv zu planen.

Zu jedem dieser Themenbereiche sind bereits unzählige, mehr oder weniger seriöse Abhandlungen erschienen. Aber seien wir ehrlich: Laufen gehört eigentlich zu den einfachsten Dingen der Welt. Daher beschränken wir uns auf das Wesentliche, darum wollen wir es einfach halten. Dennoch lohnt sich ein kurzer Blick in den Körper. Zum einen ist es faszinierend, wie anpassungsfähig der Organismus ist; zum anderen ist es sinnvoll zu wissen, was beim Training mit dem Körper geschieht. Vielleicht macht das Laufen dann gleich doppelt so viel Spaß.

Bereits nach einigen Wochen Training werden Sie positive Veränderungen an Ihrem Körper bemerken – das wird Sie zusätzlich motivieren!

Motor Mensch

An jeder Bewegung ist eine Vielzahl von Muskeln beteiligt. Diese ziehen sich zusammen bzw. geben nach und bewegen so die Gelenke. Und jede dieser Muskelkontraktionen erfordert Energie. Ein wenig ist das System vergleichbar mit dem Verbrennungsmotor eines Autos. Je mehr Sauerstoff zur Verfügung steht (siehe Turbolader, Kompressor), desto höher ist die Leistung. Das gilt auch für den menschlichen Körper: Hier lässt sich die Ausdauerleistung durch eine höhere Zahl roter Blutkörperchen steigern. Unser Turbolader ist folglich das Erythropoetin (EPO), das körpereigene Hormon zur Regulierung der Anzahl der roten Blutkörperchen. Ein Training in sauerstoffarmer Umgebung wie etwa unter Höhenbedingungen kann den Sauerstofftransport verbessern, ebenso wie extern zugeführtes EPO – Letzteres allerdings ist Doping und für Sportler daher verboten.

Ohne ATP läuft nix

Eine Besonderheit des menschlichen Organismus ist das Adenosintriphosphat (ATP, tri = drei), das quasi zwischen der Muskelkontraktion und den eigentlichen Energieträgern steht. Durch die Abspaltung eines der drei Phosphate entstehen Adenosindiphosphat (ADP, di = zwei), ein Phosphatrest und Energie. Und diese Energie setzen die Muskeln in Bewegung um. Unser Körper muss das ADP und ein Phosphat stets erneut zusammensetzen, um den Zyklus wieder und wieder ablaufen zu lassen. Die eigentliche Energie dafür bezieht der Körper aus drei anderen Depots:

Kreatinphosphat ist wie Flugzeugbenzin. Es zündet sehr schnell, ist aber nach wenigen Sekunden aufgebraucht (Hauptenergiequelle für 100-m-Läufer). Es braucht keinen Sauerstoff und führt nicht zur Übersäuerung.

Glykogen (Stärke) entspricht dem regulären Benzin. Die mit der Nahrung aufgenommenen Kohlenhydrate wie z. B. Glukose (Traubenzucker) werden in Form von Glykogen in den Muskeln und in der Leber gespeichert. Glukose kann mit oder ohne Sauerstoff Energie liefern – im ersten Fall ist die Energieausbeute höher, im zweiten niedriger.

Fett ist der Dieselkraftstoff unter den Energielieferanten. Der Speicher ist riesig, allerdings muss der Körper erst die notwendige Betriebstemperatur haben, damit der Funke überspringt.

Selbstverständlich ist der Vergleich mit Motoren und Treibstoffen nicht wirklich zutreffend. Dennoch kann er einen Eindruck von der Vielfalt der Möglichkeiten vermitteln, die dem Körper zur Verfügung stehen, unter den unterschiedlichsten Bedingungen auf die unterschiedlichsten Energielieferanten zurückzugreifen.

> Energie steht unserem Körper in unterschiedlicher Form zur Verfügung. Teilweise können wir darauf mit unserer Ernährung Einfluss nehmen.

Doppelte Chance

Wie anpassungsfähig der Körper ist, zeigt der Kohlenhydratstoffwechsel. Die Muskeln können sowohl ohne Sauerstoff (anaerob) als auch mit Sauerstoff (aerob) Energie erzeugen.

Laktat – echte Spaßbremse

Müde Muskeln werden sauer. Denn ist der Körper gezwungen, die Energie länger, als ihm lieb ist, vorwiegend auf anaerobe Weise zu gewinnen, steigt der Anteil der Milchsäure (Laktat) in den Muskeln und im Blut. Die Laktatbildung ist also höher als der Laktatabbau, der Sportler wird buchstäblich sauer (»blau«, »platt«, »leer« ...). Die Lösung des Problems ist einfach – und doch so unendlich schwer. Man braucht nur ein wenig langsamer zu laufen oder kurz stehen zu bleiben, schon geht's wieder besser. Aber wer tut das schon gern in einem olympischen Finale oder beim samstäglichen Lauftreff?

Als Freizeitsportler sollten Sie versuchen, überwiegend im aeroben Bereich zu trainieren. Dies können Sie über die Herzfrequenz beeinflussen.

Anaerober Energiestoffwechsel

Sportler, die sich für eine Dauer von 40 Sekunden bis zu wenigen Minuten sehr schnell bewegen, überfordern ihren Sauerstofftransport blitzschnell. Als Ausweg und um nicht im Schneckentempo vom Fleck kommen zu müssen, wird Glukose deshalb ohne Sauerstoff abgebaut. Das Problem dabei ist nur, dass die Energieausbeute ein wenig schlechter ist und der chemische Prozess vorübergehend damit endet, dass sich Laktat (Milchsäure) im Körper ansammelt. Mit spürbaren Folgen für den Sportler.

Aerober Energiestoffwechsel

Wer länger läuft, geht unwillkürlich einen anderen Weg, um an die nötige Energie zu gelangen. Voraussetzung dafür ist, dass dem Körper ausreichend Sauerstoff zur Verfügung steht – Sie also nicht aus der Puste kommen, sich z. B. locker unterhalten können und etwas gemütlicher joggen, als Sie eigentlich könnten. Dann werden das Glykogen und auch die Fette angezapft. Der aerobe Kohlenhydratvorrat reicht, je nach Trainingszustand und Tempo, für etwa

Das gibt uns Power

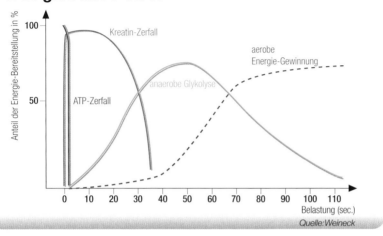

Kohlenhydrate und Fette sind die wichtigsten Energielieferanten für die Muskeln.

60 bis 90 Minuten. Doch schon deutlich früher bezieht der Körper die meiste Energie aus den Fettreserven. Und die sind nahezu unerschöpflich. Das aerobe Ausdauertraining ist also nicht nur der schnellste Weg zu mehr Leistungsfähigkeit, sondern gleichzeitig auch zu einer rundum stabilen Gesundheit.

Die verschiedenen Formen der Energiegewinnung sind nicht strikt getrennt und finden auch nicht eine nach der anderen statt, wie das Märchen von der Fettverbrennung, die angeblich erst nach 30 Minuten einsetzt, vermuten lässt. Die Übergänge sind fließend; die Energiegewinnung wird vom Organismus je nach Bedarf und Fähigkeit optimal zusammengestellt. Und je besser der Trainingszustand, desto harmonischer funktioniert das Ineinandergreifen.

In welchem Bereich trainieren?

Das Grundlagenausdauertraining sollte daher vor allem im aeroben Bereich stattfinden. Laufen bei dieser Intensität führt auf Dauer zu einer Ökonomisierung des Energiestoffwechsels, sodass der Körper zunehmend auch bei höheren Belastungen einen Großteil seines Energiebedarfs noch auf dem (effizienteren) aeroben Weg decken kann. Insofern besteht der Hauptfehler des Anfängers in einem zu hohen Lauftempo, und Walking sowie Nordic Walking sind gegebenenfalls der bessere Einstieg. Wenn Sie danach den Schritt zum Läufer wagen, ist bei den ersten Einheiten der stete Wechsel zwischen Laufen und Gehen ein probates Mittel, um die konditionellen Grundlagen auf sinnvolle Weise weiterzuentwickeln.

Richtig reizen

Ganz nüchtern betrachtet, ist das Training für Ihren Körper erst einmal eine Belastung. Er muss aus dem Büroschlaf wachgerüttelt werden und wird genötigt, bisher ungenutzte Kräfte zu mobilisieren. Aber der menschliche Körper erholt sich bei angemessener Dosierung davon relativ schnell und geht sogar noch einen Schritt weiter. Damit der Organismus in Zukunft besser für eine solche Belastung gewappnet ist, steigt das Leistungsvermögen am Ende der Erholungsphase über das Ausgangsniveau hinaus. Dieser Effekt wird als Superkompensation bezeichnet und beschreibt den Prozess der Adaptation, der Anpassung des biologischen Systems an steigende Anforderungen. Mit einer Trainingseinheit hier und da ist es natürlich nicht getan. Ihr Körper ist eben auch nur ein (bequemer) Mensch; erfolgt in der Phase der »Übererholung« kein weiterer Trainingsreiz, kehrt der Körper ganz schnell auf das ursprüngliche Niveau zurück.

Das bedeutet aber auch, dass Sie nicht immer auf vollen Touren laufen können und sollen. Denn wenn Sie Ihrem Organismus nicht genü-

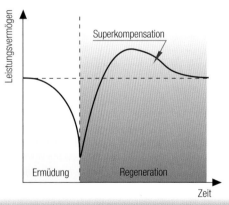

Der Prozess der Superkompensation

Superkompensation: Nach der Belastung steigt die Leistungsfähigkeit über das ursprüngliche Niveau.

gend Zeit zur Regeneration geben, sinkt Ihr Leistungsvermögen immer weiter ab, und Sie sind übertrainiert. Zu einer kompletten Trainingseinheit gehört also nicht nur das Laufen, sondern auch die Erholungsphase.

Wann aber ist der richtige Zeitpunkt für die nächste Trainingseinheit? Leider gibt es dafür keine allgemein gültige Formel. Er hängt zum einen von der Intensität und dem Umfang der Belastung ab, d.h. wie schnell und wie lange Sie unterwegs waren. Vor allem aber hängt er von Ihrem individuellen Trainingszustand ab. Gut trainiert zu sein heißt ja auch, sich schnell zu erholen – ein Effekt, den Sie im Berufs- und Alltagsleben sehr bald spüren werden.

Für den Anfänger ist die Erholungsfähigkeit ein gutes Indiz für die richtige Trainingsdosis. Wenn Sie sich am Morgen nach dem Training wieder frisch und ausgeruht fühlen, haben Sie sich nicht überfordert. Wenn Ihre Leistungsfähigkeit gleichzeitig ansteigt, haben Sie sich nicht unterfordert.

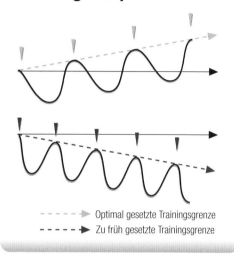

Der richtige Trainingszeitpunkt

- - - - - ▶ Optimal gesetzte Trainingsgrenze
- - - - - ▶ Zu früh gesetzte Trainingsgrenze

Der richtige Wechsel aus Belastung und Erholung sorgt dafür, dass Sie Ihre Form langsam und stetig verbessern.

Es geht voran

Eine ansteigende Formkurve erreichen zu wollen, bedeutet aber natürlich auch, dass Sie das Training immer wieder verändern und anpassen müssen. Denn wer immer im gleichen Tempo über die gleiche Distanz läuft, wird sich ab einem gewissen Punkt nicht weiter verbessern. Das ist für denjenigen nicht weiter gravierend, der sich aus rein gesundheitlichen Erwägungen bewegt, und das in ausreichendem Maße (z.B. 3- bis 4-mal 45 Minuten pro Woche). Wollen Sie aber weiterkommen, müssen Sie das Training variieren und anpassen.

Nachgefragt bei Prof. Dr. Wessinghage

Soll ich lieber morgens oder abends laufen?

Einfache Antwort: Laufen Sie zu derjenigen Tageszeit, zu der Sie am meisten Spaß am Training haben und es am besten in Ihren Tagesablauf einbauen können. Die Trainingseffekte sind im Wesentlichen dieselben. Richten Sie sich nach Ihrem Gefühl, nicht nach irgendwelchen Standardtipps.

Verändern Sie dabei aber immer nur eine der so genannten motorischen Hauptbeanspruchungsformen:

▶ Steigerung der Häufigkeit (von 1- bis 2-mal pro Woche auf 3- bis 4-mal)
▶ Erhöhung der Umfänge (z. B. von 20 auf 30, 45 oder 60 Minuten)
▶ Erhöhung des Lauftempos (z. B. von 10 km/h auf 12 km/h)

> Betrachten Sie die Trainingspausen von vornherein als zum Training gehörend – Ihr Körper braucht auch Zeit zur Regeneration.

Trainieren Sie nach einem auf Ihre Möglichkeiten abgestimmten Schema, können Sie schnell Verbesserungen erzielen. Denn, um allen Einsteigern Mut zu machen: Die biologischen Anpassungen gehen am Anfang relativ schnell vonstatten. Während Ausdauerathleten mit einem sehr guten Leistungsniveau extreme Anstrengungen unternehmen müssen, um weitere Leistungszuwächse zu erzielen, können Newcomer vergleichsweise schnell spürbare Erfolge verbuchen. Haben Sie also ein wenig Geduld und überfordern Sie sich nicht, dann können Sie schon bald die Früchte Ihrer Bemühungen ernten.

Kräfte einteilen

Der Wechsel zwischen Belastung und Erholung ist eine der wichtigsten Regeln, die beim Training zu beachten sind. Nur so geben Sie dem Körper genügend Zeit, neue Kraft zu schöpfen und Verletzungen aufgrund von Überforderung zu vermeiden. Dies gilt nicht nur für eine einzelne Einheit, sondern auch für

Wohlverdiente Pausen

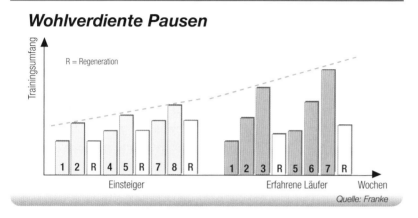

Quelle: Franke

Je besser Sie trainiert sind, desto schneller wird sich Ihr Körper nach einer Belastung regenerieren.

Ihre komplette Trainingsplanung. Selbst Profis gönnen sich nach besonders harten Wochen eine Auszeit, in der sie weniger und langsamer joggen und/oder kürzere Strecken laufen. Das haben Sie sich als Freizeitläufer erst recht verdient. Nach zwei bis drei Wochen mit gesteigerter Intensität sollten Sie es stets eine Woche langsamer angehen lassen. Das bedeutet natürlich nicht, dass Sie sich in dieser Zeit nur auf Ihren Lorbeeren ausruhen. Aber Sie dürfen ruhig mal ein wenig kürzer treten oder in einem Ausgleichssport aktiv werden. Die (oft geäußerte) Befürchtung, dass Sie danach wieder ganz von vorne anfangen müssen, ist völlig unbegründet. Ganz im Gegenteil: Nicht nur Ihre Muskeln brauchen mal eine Pause, Sie können die zusätzliche freie Zeit auch nutzen, um den Kopf frei zu bekommen und sich zu entspannen.

Training mit System

Stets im gleichen Trott zu joggen ist für die ersten Schritte zwar sinnvoll. Hat sich Ihr Körper dann aber an das Ausdauertraining gewöhnt, dürfen Sie ihn gern mit neuen Herausforderungen locken – und auch mal das Tempo variieren. Je nach Intensität lässt sich das Lauftraining in vier Bereiche einteilen:

Leichter Dauerlauf (Regenerationslauf) Geeignet zur allgemeinen Regeneration, zum Stressabbau, zur gesundheitlichen Stabilisierung (Abwehrkräfte!). Intensitätsbereich unter 2 mmol/l Laktat. Gerade auch, wenn das Hauptziel des Trainings in der Aktivierung der Fettverbrennung besteht, muss (auch) in diesem Bereich gelaufen werden. Als Long Jog bei besserem Trainingszustand auch zur Einstimmung auf längere Belastungen geeignet.

Grundlagenausdauer 1 (mittlerer Dauerlauf) Bei fast allen Läufern macht dieser Bereich den größten Teil des Trainings aus. Intensitätsbereich etwa 2 bis 3 mmol/l Laktat. Der mittlere Dauerlauf bietet das beste Verhältnis von Aufwand und Wirkung, hier sind die gesundheitlichen Effekte auf Herz und Kreislauf sowie Stoffwechsel am stärksten ausgeprägt.

Grundlagenausdauer 2 (schneller Dauerlauf) Bei den schnellen Dauerläufen liegt das Tempo in der Nähe der aerob-anaeroben Schwelle. Geeignet zum Training höherer Geschwindigkeitsbereiche (Intensität oberhalb von 3 mmol/l Laktat), daher dem wettkampfambitionierten Läufer vorbehalten. Nicht erforderlich für ein rein gesundheitsorientiertes Training. Auch Spitzensportler trainieren nur zu maximal 25 Prozent im GA2-Bereich.

Tempoläufe (Intervalltraining) Nur für Wettkampfsportler. Lange Zeit die vermeintlich hohe Schule des Lauftrainings, noch heute für Spitzenathleten unumgänglich. Allerdings nicht für Einsteiger geeignet. Tempoläufe sind gleichbedeutend mit anaerobem Training; das Ziel besteht darin, trotz (vorübergehenden) Sauerstoffmangels schnell und ausdauernd zu laufen. Ohne ausreichende Basis durch aerobes Ausdauertraining nicht empfehlenswert.

> Wenn der Körper von der aeroben auf die anaerobe Energiegewinnung umschaltet, erhöht sich die Laktatproduktion im Blut geradezu sprunghaft.

Am Puls der Zeit

Richtige Läufer sind mit dem Herzen bei der Sache. Denn die Herzfrequenz eignet sich hervorragend, um zu kontrollieren, ob Sie im richtigen Tempo unterwegs sind. So trainieren Sie effizienter und vermeiden Überlastung.

Es gibt eine Reihe von Formeln, die sich scheinbar zur Ermittlung der Trainingsherzfrequenz eignen. Ihnen allen ist gemeinsam, dass nur etwa die Hälfte aller Menschen mit der Formel gut bedient ist: Die Erfolgsquote dieser Formeln liegt nur bei etwa 50 Prozent, d.h., jeder Zweite liegt daneben. Einen Vorteil aber haben sie: Sie sind durchweg so gewählt, dass man sich im Zweifel eher unterfordert. Andererseits ist es wenig ermutigend, nach Monaten des konsequenten Trainings feststellen zu müssen, dass man schon viel weiter hätte sein können, wäre man nur besser beraten worden. Die einfachste Formel zur Berechnung der Trainingsherzfrequenz lautet:

Optimale Trainingsherzfrequenz = 180 minus Lebensalter

Sie beschreibt die Intensität des mittleren Dauerlaufs, also die Grundlagenausdauer 1. Der Zielbereich ist keineswegs nur ein fester Wert (für einen 50-Jährigen ein Puls von 130), sondern vielmehr ein Bereich von plus/minus fünf bis acht Schlägen (im Beispiel 122 bis 138). Derartige Schwankungen sind normal, wenn sich der Körper an ungewohnte Bedingungen anpasst (z.B. Kälte, Hitze, Höhe). Unterhalb dieses Bereichs liegen die Herzfrequenzen für den regenerativen, oberhalb die für den schnellen Dauerlauf.

Ab auf den Prüfstand

Wollen Sie ganz auf Nummer sicher laufen, lohnt sich eine Leistungsdiagnostik. So bekommen Sie Ihre genauen Grenzen aufgezeigt. Dabei wird in einem Laktat-Leistungstest (möglichst im Freien) u.a. Ihre aerob-anaerobe Schwelle gemessen, zusätzlich erhalten Sie Hinweise für die einzelnen Trainingsbereiche. Ergänzend kann es sinnvoll sein, medizinische Daten zu erheben (z.B. körperliche Untersuchung, Ruhe-/Belastungs-EKG, Laborwerte). Die Kosten betragen je nach Umfang des Tests zwischen 100 und 500 Euro, die aber sogar von einigen Krankenkassen (speziell von privaten Versicherungen) zumindest zum Teil übernommen werden.

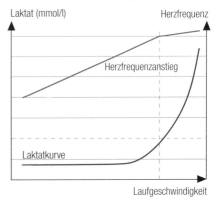

Laktat-Leistungskurve

Laktat (mmol/l)

Herzfrequenz

Herzfrequenzanstieg

Laktatkurve

Laufgeschwindigkeit

Die senkrechte Strichlinie bezeichnet die individuelle aerob-anaerobe Schwelle.

Methoden machen mobil

Je nach Bereich, der trainiert werden soll, unterscheiden sich auch die Methoden, mit denen das Training gestaltet wird. Für das Lauftraining im Fitnessbereich haben sich dabei grundsätzlich zwei Methoden bewährt.

Dauermethode

Für Gesundheitssportler machen das Joggen im Bereich des mittleren Dauerlaufs bzw. die Regenerationsläufe den Hauptanteil des Trainings aus. Für den Topathleten übrigens auch (bei dem jedoch das Lauftempo erheblich höher ist). Das ist auch gut so, denn auf diese Weise werden alle schneller, ob sie es nun wollen oder nicht. Natürlich muss die Dosis stimmen, doch besonderer Tricks bedarf es eigentlich nicht. Damit es jedoch nicht ganz so eintönig wird, lässt sich diese Trainingsmethode variieren.

Während auf flachen Wegen die Belastung gleichmäßig verläuft, stellt ein hügeliger Kurs eine sanfte Form des Intervalltrainings dar, auch wenn sich das Tempo subjektiv gleichmäßig anfühlt.

Andere Strecken wählen

In Hamburg laufen die Jogger gern um die Alster, z. B. nachmittags um fünf. Da sieht man andere und wird selbst gesehen. Prima Sache. Das Laufen ist allerdings wenig abwechslungsreich. Deshalb sollte man vielleicht ab und zu auch auf dem Alster-Wanderweg laufen (meist flach, gewundene Parkwege), am Elbufer in Rissen (hier geht es schon einmal steil bergauf und bergab) oder in den Harburger Bergen (hügelige Waldwege). Da sich der Dauerlauf an das Gelände anpassen muss, wird er sich verändern.

Das Fahrtspiel

Das Fahrtspiel ist eine Laufvariante, bei der Abwechslung entweder durch das Gelände oder durch die Uhr hineinkommt. Eine gute Orientierungshilfe können die oben beschriebenen Herzfrequenzbereiche sein. Starten Sie z. B. im regenerativen Dauerlauf. Nach einer angemessenen Aufwärmzeit (z. B. 10 Minuten) laufen Sie 5 Minuten lang im Bereich des mittleren Dauerlaufs. In der folgenden Pause laufen Sie so lange in ruhigem Tempo, bis der Puls wieder deutlich im regenerativen Bereich liegt. Dann folgt ein Tempoabschnitt mit einer dem schnellen Dauerlauf entsprechenden Herzfrequenz; die anschließende Pause richtet sich wiederum danach, wie schnell sich der Puls beruhigt. Die Gesamtdauer des Trainings könnte bei etwa 45 Minuten liegen.

Intervallmethode

Ähnlich wie beim Fahrtspiel wird auch beim Intervalltraining das Tempo variiert. Sie haben die Wahl zwischen extensiven und intensiven Intervallen. Der Unterschied zum Fahrtspiel besteht vor allem darin, dass die schnellen Abschnitte vorher definiert und auf einer festen Strecke (oft im Stadion) absolviert werden. Bei der extensiven Intervallmethode gibt es mehr Belastungsphasen, und auch die jeweilige Pause – gehen oder ganz langsam laufen – ist relativ kurz (Beispiel: 12 x 300 m in 90 sec mit 100 m Trabpause). Bei intensiven Intervallen werden weniger Wiederholungen absolviert – diese allerdings mit einer höheren Intensität. Die Pause wird länger (Beispiel: 6 x 300 m in 50 sec mit 300 m Gehpause).

Trainingsbereiche und Methoden auf einen Blick

Trainingsbereich	Ziel	Trainingsmittel
Regeneration	Regeneration, Fettstoffwechsel-training, gesundheitliche Stabilisierung	Regenerativer Dauerlauf
Grundlagenausdauer GA 1	Erhöhung der aeroben Kapazität, gesundheitliche Stabilisierung	Mittlerer Dauerlauf, leichtes Fahrtspiel
Grundlagenausdauer GA 2	Erhöhung der anaeroben Schwelle/ anaerobe Kapazität	Fahrtspiel, schneller Dauerlauf
Tempoläufe	Anaerobe Kapazität	Extensive/ intensive Intervalle

Laufen als Fettkiller

Wollen Sie mit dem Sport nicht nur Ihrer allgemeinen Fitness etwas Gutes tun, sondern die Erfolge auch an der Waage ablesen, sind Sie beim Laufen genau richtig – bei keinem anderen Sport bleiben so viele Kalorien auf der Strecke.

Kalorienverbrauch im Vergleich

Wie viele Kalorien beim Laufen, Walking oder Nordic Walking verbraucht werden, hängt von vielen individuellen Voraussetzungen ab. Die wichtigsten Parameter sind Geschwindigkeit und Gewicht. Die unten stehende Tabelle kann Faktoren wie die Koordination (also den Laufstil, Ihr Bewegungsgeschick) und die genetischen Voraussetzungen nicht berücksichtigen. Daher bietet sie nur eine ganz grobe Orientierung. Um Ihren annähernden Kalorienverbrauch zu berechnen, multiplizieren Sie den Wert aus der Spalte »Verbrauch« mit Ihrem Körpergewicht (in Kilogramm) und mit der Belastungsdauer (in Minuten).

Kalorienverbrauch beim Laufen

In dieser Tabelle finden Sie den Kalorienverbrauch während eines Laufs von 30 Minuten Dauer bei unterschiedlichem Körpergewicht.

Sportart	Kalorien-verbrauch*	55 kg	65 kg	75 kg	85 kg	95 kg
Laufen 7:00 min/km	0,135	223	263	304	344	385
Laufen 5:30 min/km	0,193	318	376	434	492	550
Laufen 5:00 min/km	0,208	343	406	468	530	593

*kcal pro min pro kg Körpergewicht

Ein hoher Kalorienverbrauch ist allerdings noch lange keine Garantie dafür, dass Sie auch tatsächlich abnehmen. Hier wird ja nur die eine Waagschale berücksichtigt. Wenn Sie beispielsweise nach dem Laufen einen Liter Cola trinken, haben Sie einen Großteil der Kalorien schon wieder zu sich genommen, die Sie sich gerade so mühsam abtrainiert haben. Die Gleichung ist eigentlich ganz einfach: Letztlich kommt es darauf an, dass Sie über einen längeren Zeitraum mehr Kalorien verbrennen, als Sie zu sich nehmen.

Bewegung – der richtige Weg

Die Menschen heute (58 Prozent der Männer und 42 Prozent der Frauen in Deutschland) sind übergewichtig – nicht weil sie mehr essen als früher, sondern weil sie sich weniger bewegen. Bewegung ist die Grundlage für jedes Abnehmprogramm. Vergessen Sie Diäten, die enden immer am gleichen Punkt: Sobald Sie sie beenden, steigt das Gewicht wieder. Das liegt nicht in der jeweiligen Diät begründet, sondern an der Tatsache, dass die Diät an sich auf einem Denkfehler beruht.

Wie der Eisbär, so hat auch der Mensch die Möglichkeit, sich auf schlechte Zeiten vorzubereiten – indem er viel futtert, solange dies möglich ist. Das Futtern verursacht hormonelle Veränderungen im Organismus – beim Eisbären wie beim Menschen. Statt des Winterschlafs folgt bei uns auf das Futtern die Diät – für unseren Körper eine Zeit der Dürre. Der Organismus interpretiert die Diät als schlechte Zeit und drosselt den Verbrauch. Darum sinkt das Gewicht nur langsam. Ist dann mit Mühe das Diätziel erreicht, setzt der Organismus alles daran, in Vorbereitung auf die nächste schlechte Zeit schnell wieder zuzunehmen. Wie beim Eisbären.

Menschen, die viele Diäten durchführen, trainieren daher ihren Organismus, ein guter Futterverwerter zu sein – und wollen doch eigentlich genau das Gegenteil erreichen. Das können sie auch: durch Bewegung. Sie hilft Ihnen, das entscheidende Hormon (Insulin) niedrig zu halten. Läufer sind eher schlechte Futterverwerter und bleiben schlank, auch wenn sie ab und zu über die Stränge schlagen.

> Durch eine Diät wird Ihr Organismus auf gutes Speichern der Nährstoffe programmiert – erreichen wollen Sie aber eigentlich genau das Gegenteil.

Fett weg – Gewicht bleibt?

Verzweifeln Sie nicht, wenn Sie trotz des Trainings und der Ernährungsumstellung nicht sofort Erfolge auf der Waage sehen. Das ist ganz natürlich und mit den umfassenden Umbauarbeiten in Ihrem Körper zu erklären. Überlegen Sie einmal, wie lange Sie Ihren Organismus in die falsche Richtung programmiert haben. Da dauert es eine Weile, bis er den neuen Weg auch in messbare Veränderungen umgesetzt hat. Darüber hinaus sind natürlich 30 Minuten ruhiges Joggen noch nicht die Welt, wenn es um die Energiebilanz geht. Aber Sie werden schnell merken, dass Sie sich über das rein messbare Gewicht hinaus verändern.

Ihre Vorlieben werden sich verschieben, Ihr Ess- und Trinkverhalten auch. Ihr Organismus wird sich den veränderten Bedingungen auf ganzer Linie anpassen. Geben Sie ihm dazu ein wenig Zeit.

Das Sieben-Kalorien-Programm

Wer's schnell schaffen möchte, kann beim Abnehmen an zwei Schrauben gleichzeitig drehen. Am sichersten und effektivsten meistern Sie das Projekt

Nachgefragt bei Prof. Dr. Wessinghage

Obwohl ich viel besser in Form bin als meine Laufpartnerin, schwitze ich schneller und stärker. Warum?

Der produzierte Schweiß verdunstet an der Haut und sorgt so für Kühlung. Die Menge der Schweißproduktion ist vorwiegend genetisch bedingt – einige Menschen schwitzen einfach mehr als andere, die über die verstärkte Durchblutung der Hautgefäße mehr Wärme abgeben können. Aber: Mit verbessertem Trainingszustand verändert sich die Zusammensetzung des Schweißes. Sie schwitzen weniger Elektrolyte (Salze) aus.

»Kampf den Pfunden« daher, wenn Sie die Sache mit dem so genannten Sieben-Kalorien-Modell angehen. Ziel dabei ist es, jeden Tag pro Kilogramm Körpergewicht sieben Kilokalorien zusätzlich durch Sport zu verbrennen und sieben Kilokalorien beim Essen einzusparen. Bei einer 70 Kilogramm schweren Person entspricht das jeweils 490 Kilokalorien, also etwa eine halbe Stunde Dauerlauf zusätzlich und ein Stück Kuchen weniger. Mit diesem Power-Plan verlieren Sie pro Monat durchschnittlich 1,5 Kilogramm Gewicht – so wird's von der Deutschen Gesellschaft für Ernährung (DGE) empfohlen und ist gesundheitlich unbedenklich. Der gefürchtete Jo-Jo-Effekt, d.h., das Gewicht schwankt ständig erheblich, kann so recht gut vermieden werden.

Wer auf das Essen nicht verzichten mag (und es vielleicht sogar als Motivation nutzen möchte), der braucht nur die doppelte Menge an Bewegungsenergie umzusetzen. Das Schöne daran: Wenn es an einem Tag aus zeitlichen oder anderen Gründen mit der Bewegung mal nicht klappt, können Sie sie am nächsten Tag problemlos nachholen.

Als Jo-Jo-Effekt bezeichnet man das Phänomen, dass der Körper innerhalb recht kurzer Zeit nach einer Diät wieder zum Ausgangsgewicht – oder darüber hinaus – zurückkehrt.

Der Bodymass-Index

Übergewicht ist eine weit verbreitete Volkskrankheit. Das andere Extrem sind Menschen mit einer an sich normalen Figur, die ständig das Gefühl haben, noch weiter abnehmen zu müssen. Bevor Sie sich auf den Fett-weg-Trip begeben, sollten Sie also erst einmal prüfen, ob das auch notwenig ist. Eine Möglichkeit steht Ihnen mit dem so genannten Bodymass-Index (BMI) zur Verfügung, den Sie mit folgender Formel berechnen:

$$\frac{\textbf{Körpergewicht (in Kilogramm)}}{\textbf{Körpergröße in Metern zum Quadrat}}$$

Als Normalgewicht gilt für Frauen ein BMI zwischen 19 und 24, für Männer zwischen 20 und 25. In diesem Bereich ist nach derzeitiger Kenntnis die Lebenserwartung am höchsten (nicht also bei den ganz dünnen, schon gar nicht aber bei den sehr dicken Menschen).

Eine andere Methode ist die Berechnung der Waist-to-Hip-Ratio, also des Verhältnisses von Taillenumfang zu Hüftumfang: Messen Sie beide Werte in Zentimetern und teilen Sie anschließend den Taillen- durch den Hüftwert. Für Frauen sollte ein Wert von unter 0,85 das Ziel sein, für Männer ein Wert von unter 1.

Kohlenhydrat- oder Fettstoffwechsel?

Oft wird behauptet: Wer schneller abnehmen möchte, muss langsamer laufen. Angeblich, weil bei niedrigen Intensitäten das meiste Fett verbraucht wird. Das ist allerdings nur die halbe Wahrheit.

Wie bereits erwähnt (siehe S. 43), stehen Ihrem Körper zur Energiegewinnung im Prinzip zwei relevante Speicher zur Verfügung: Kohlenhydrate und Fette. Stellen Sie sich vor, dass von jedem dieser Speicher ein Schlauch zu den Muskeln führt (siehe Abbildung links). Der vom kleineren und schneller verfügbaren Depot, also vom Kohlenhydratspeicher, hat den größeren Durchmesser. Der vom größeren Speicher, dem Fettdepot, hat dagegen nur den Durchmesser eines Strohhalms, die Depots sind also schwerer erreichbar.

Bei langsamem Lauftempo benötigen die Muskeln nur wenig Energie und können daher einen prozentual höheren Anteil aus dem Fettdepot saugen. Wird das Tempo jedoch erhöht, benötigt der Organismus mehr Energie und muss zunehmend mehr Kohlenhydratenergie verwenden. Der Energieverbrauch insgesamt steigt, der prozentuale Anteil der Fettverbrennung allerdings sinkt.

Energie für die Muskeln

Quelle: FIT FOR FUN

Beim Training im Fettverbrennungsbereich greifen die Muskeln immer besser auf die Fette zurück.

Fettstoffwechseltraining

Das Fett steht dem Körper als im Blut gelöste freie Fettsäuren zur Verfügung. Durch häufige lange, langsame Dauerläufe erhöht sich die Aktivität der Fett spaltenden Enzyme. Das Ergebnis: Der Durchmesser der Schlauchleitung vom Fett zu den Muskelzellen vergrößert sich, und der Körper lernt, früher und schneller auf die ungeliebten Polster zurückzugreifen, und das – noch eine gute Nachricht – sowohl in Ruhe als auch während der Belastung!

Für ein solches Fettstoffwechseltraining müssen die Glykogenspeicher hin und wieder weitgehend entleert werden. Das schaffen Sie durch hohe Umfänge (etwa 90 Minuten Belastungsdauer) und/oder schnelle, intensive Trainingseinheiten. Der gesundheitliche Vorteil liegt klar aufseiten des ruhigeren, aber länger dauernden Trainings: Hierdurch verbessert sich das Verhältnis von »gutem« (HDL) zu »schlechtem« (LDL) Cholesterin im Blut. Die Gefäße sind besser geschützt, das Risiko von Herzinfarkt, Schlaganfall, Nierenversagen und anderen Erkrankungen sinkt. Wer also dauerhaft abnehmen möchte, ist mit dem Fettstoffwechseltraining und langsamem Joggen auf dem richtigen Weg – vorausgesetzt, es ist umfangreich genug.

Nur für Fortgeschrittene – Gewicht verlieren durch höhere Trainingsintensität

Auch wenn der prozentuale Anteil der Fettverbrennung am Gesamtumsatz beim langsamen Laufen höher ist: Schneller laufen ist deutlich anstrengender, erfordert mehr Energie und steigert den absoluten Kalorienverbrauch. Und darauf kommt es eben an. Wer schon gut in Form ist, darf es im Training also auch schon mal krachen lassen und bei 25 Prozent des Trainings die Intensität nach oben schrauben. Für Einsteiger ist das intensive Training weniger empfehlenswert, da ihnen zunächst die Fähigkeit zur schnellen Erholung fehlt. Ein intensives Training wird heftig und vergleichsweise kurz sein, Sie dafür aber einige Tage lang belasten, bis Sie sich wieder fit fühlen. Auf Dauer ist die Energiebilanz günstiger, wenn Sie das ruhige Tempo länger durchhalten.

Noch einen Vorteil hat das langsamere Laufen, bei dem der Körper überwiegend auf die Fettverbrennung zurückgreift: Auch die Verletzungsgefahr sinkt.

Fatburn-Tipps

▶ **Global agieren** Abnehmen an speziellen Körperstellen wie z.B. einen Bauch-Weg-Plan gibt es nicht. Sie können stolz auf sich sein, wenn die Pfunde generell purzeln. Erwarten Sie nicht, dass Sie das Gewicht nur an Ihren persönlichen Problemzonen verlieren. Ihr ganzer Körper wird schlanker, ist besser trainiert und einfach knackiger.

▶ **Erhöhter Verbrauch** Fatburn-Training heißt nicht nur, dass Sie beim Laufen möglichst viele Kalorien verbrennen. Idealerweise bauen Sie außerdem Muskeln auf (z.B. durch ein begleitendes Krafttraining), die im Gegensatz zum Fett in Zukunft auch in Ruhe zusätzliche Energie verbrauchen. Durch den erhöhten Grundumsatz können Sie sich dann auch mal eine süße Sünde gönnen.

▶ **Afterburner** Nach Beendigung der Trainingseinheit zündet der Körper den Nachbrenner, der auch durch Nahrungsaufnahme nicht gestoppt wird. Denn im Ruhezustand erfolgt das erneute Aufladen der Muskulatur fast vollständig über den Fettstoffwechsel. Wie hoch dieser Effekt ist, hängt von der Muskelmasse und dem Energieverbrauch während des Trainings ab. Wenn Sie schneller gelaufen sind, funktioniert der Nachbrenner besser.

... und das können Sie getrost vergessen

▶ **Nüchtern laufen** Am Morgen direkt nach dem Aufstehen sind die Glykogenspeicher relativ leer, weshalb manch einer schon auf die Idee gekommen ist, der Welt das Morgenlaufen zu empfehlen. Nach dem Motto: Was ich gern tue, tut auch anderen gut. So mancher Abendmensch quält sich daher durch die Morgendämmerung und träumt von Wochenende, langem Schlafen und dem Nachmittagslauf. Lassen Sie diesen Blödsinn ab sofort sein und laufen Sie zu der Tageszeit, die Ihnen am besten in den Kram passt. Anhand der Tabelle auf Seite 54 können Sie sehen, dass bei einem etwas schnelleren Tempo schon eine ganze Menge mehr Kalorien auf der Strecke bleiben. Und der positive Effekt des Nüchternlaufens ist so gering, dass Sie ihn am Nachmittag oder

Vertrauen Sie Ihrem Gefühl. Wenn Ihnen das Laufen am Abend besser gefällt, sollten Sie sich nicht morgens auf die Piste quälen – nur weil dies irgendeinem anderen Läufer guttut.

Abend allein dadurch wettmachen können, dass Sie vier oder fünf Minuten länger laufen.

▶ **Handarbeit** So spricht der Theoretiker: »Den Kalorienverbrauch können Sie zusätzlich in die Höhe treiben, indem Sie in jeder Hand eine kleine Hantel mitnehmen.« Und vergisst zu erwähnen, dass Sie dabei aber langsamer unterwegs sind. Und ein höheres Tempo bedeutet einen höheren Kalorienverbrauch. Zudem steigt beim Laufen mit Gepäck das Verletzungsrisiko.

Das Laufen mit Hanteln sorgt garantiert für eines: für einen absolut unergonomischen Bewegungsablauf.

Fünf fitte Fakten

1. Die beiden wichtigsten Energiequellen sind Kohlenhydrate und Fette. Sinnvolles Ausdauertraining findet vor allem im aeroben Bereich statt und sorgt für eine Ökonomisierung der Energiegewinnung sowie für zahllose gesundheitliche Effekte.

2. Wirksames Training beruht auf einem harmonischen Wechsel zwischen Belastung und Entspannung. Wer zu hart und zu oft trainiert, wird nicht besser – im Gegenteil.

3. Ihr Körper sucht neue Herausforderungen. Wer stets im gleichen Tempo und über die gleiche Distanz läuft, stößt früher oder später an seine Grenzen. Für den rein gesundheitlich motivierten Läufer ist das allerdings unerheblich.

4. Zum Abnehmen ist eine negative Kalorienbilanz notwendig. Bewegung ist die entscheidende Maßnahme; Bewegung und die gleichzeitige Umstellung der Ernährung wirken schneller, erfordern aber mehr Disziplin.

5. Langsames Laufen verbessert den Fettstoffwechsel, schnelles Laufen verbrennt mehr Kalorien. Wer gut in Form ist, darf daher auch mal flott über die Strecke flitzen, wenn die Pfunde schmelzen sollen.

Die richtige Ausrüstung

Asphalt oder Wald? Mit dem individuell passenden Laufschuh ist dies längst nicht mehr die Gretchen-Frage des beliebten Ausdauersports

Tolle Treter

Im Vergleich zu anderen Sportarten ist Laufen ein recht günstiges Vergnügen. Während Golfspieler oder Surfer ein teures Equipment benötigen und viele Trainerstunden oder Kurse belegen müssen, kommen Läufer im Sommer in der Regel mit einem Paar Schuhe, einem Funktionsshirt und Shorts locker über die Runden. Wenn Sie an dieser Minimalausrüstung jedoch zusätzlich sparen, könnte das Ihre Gesundheit gefährden – und der Spaß bleibt allemal auf der Strecke.

Das A und O beim Laufschuh: die Dämpfung. Sie sollte sich im mittleren Bereich bewegen; zu harte oder zu weiche Schuhe schaden Sehnen, Bändern und Gelenken.

Der Fuß – Wunderwerk der Evolution

Mit 20 Muskeln, 26 Knochen, 33 Gelenken und 114 Bändern ist der menschliche Fuß eine anatomische Meisterleistung der Natur – die bei dem heute üblichen Körpergewicht (der »Durchschnittsdeutsche« hat einen BMI von 26, ist also übergewichtig) jedoch an ihre Grenzen stößt. Denn bei jedem Schritt muss der Körper einen Aufprall von etwa dem Zwei- bis Dreifachen des eigenen Körpergewichts verkraften. Und damit ist die natürliche Dämpfung der Muskeln, Bänder und Gelenke bald überfordert.

Zu Beginn der 1990er-Jahre galt daher noch die Maxime »Viel hilft viel«: Die Industrie versorgte die Läuferschaft mit sehr stark gedämpften Schuhen, um die Stoßbelastung zu minimieren. Inzwischen belegen Studien jedoch, dass diese übermäßige Dämpfung das Verletzungsrisiko nicht verringert. Im Gegenteil: Die zu weichen Schuhe führten zu einer Zunahme der Achillessehnenbeschwerden bei Joggern. Zudem haben dosierte Stoßkräfte auch positive Effekte, denn sie trainieren die Gelenke und machen diese widerstandsfähiger und langlebiger.

Dennoch muss ein Schuh natürlich ein gewisses Maß an Schutz bieten. Heute gilt deshalb der Grundsatz: So wenig Dämpfung wie möglich und so viel wie nötig. Zum Glück haben inzwischen auch viele Sportartikelfirmen diesen Trend erkannt und präsentieren immer ausgefeiltere Modelle.

So wird ein Schuh draus

Ein guter Laufschuh muss allerhand leisten, damit er Sehnen, Bänder, Knochen und Gelenke optimal schützt:

▶ Die Laufsohle ❶ besteht aus Karbongummi, dessen Einkerbungen für Trittsicherheit und Rutschfestigkeit verantwortlich sind und die Flexibilität der Schuhe beeinflussen.

▶ Je dünner die aus EVA (Schaumstoff) gefertigte Zwischensohle ❷, desto flexibler und besser das Abrollverhalten der Schuhe, aber auch umso geringer die Dämpfung.

▶ Die Zwischensohle beinhaltet auch das Dämpfungssystem ❸. Fast jeder Hersteller baut auf ein anderes System, zwischen denen sich physikalisch jedoch kaum Unterschiede messen lassen.

▶ Die Vorfußdämpfung ❹ sollte nicht zu weich sein, um das Quergewölbe nicht zu stark zu belasten – ansonsten drohen Fehlstellungen der Zehen.

▶ Um Fußfehlstellungen besser zu korrigieren, verfügen viele Schuhe über eine so genannte Pronationsstütze ❺ in der Zwischensohle. Diese erkennen Sie in der Regel an dem dunkler gefärbten, festeren Material, das beim Aufsetzen ein übermäßiges Einknicken nach innen verhindern soll.

▶ Das Fußbett ❻ können Sie bei Bedarf gegen eine orthopädische Einlage austauschen.

▶ Achten Sie darauf, dass das Obermaterial ❼ den Fuß gut belüftet.

Das muss ein Laufschuh leisten

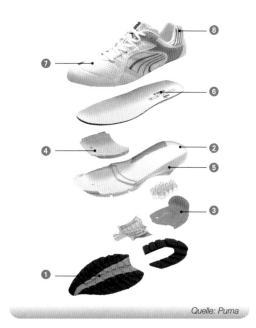

Quelle: Puma

Moderne Laufschuhe bestehen aus vielen Einzelteilen, die Knochen, Sehnen und Bänder schützen.

▸ Der Schuh »sitzt« zwischen Fersenkappe ❽ und Sattel (Bereich der Schnü-
rung). Die Fersenkappe muss ausreichend Halt bieten, darf aber nicht auf die
Achillessehne drücken.

So finden Sie den richtigen Schuh

Wie gut die Schuhe stützen, hängt nicht nur von der Dämpfung ab, sondern
auch davon, auf welchem Leisten sie gefertigt werden. Die Form des Leistens
(gerade, gebogen) muss der Ihres Fußes entsprechen, sonst wird Ihnen der
Schuh nie optimal passen.

Der menschliche
Körper verfügt
über eine große
Zahl von Senso-
ren, die sämtliche
Informationen
verwerten und in
Bewegung umset-
zen. Schmerzen
z. B. können eine
Schonhaltung
oder ein Schon-
hinken verursa-
chen, ohne dass
wir es merken,
geschweige denn
bewusst steuern
würden.

▸ **Komfort- oder Neutralschuhe** Verfügen über eine gute Dämpfung,
haben keine Pronationsstütze.

▸ **Stabil- oder Bewegungskontrollschuhe** Sind mit Pronationsstützen
ausgerüstet (also im inneren Zwischensohlenbereich härter), um Fußfehlstellungen entgegenzuwirken.

▸ **Lightweight-Trainer** Sind eigentlich für den Wettkampfeinsatz gedacht.
Aufgrund moderner Technologien bieten die Leichtgewichte inzwischen aber
auch für ambitionierte Läufer mit gesunden Füßen im Training ein ausreichendes Maß an Dämpfung.

▸ **Cross-Schuhe** Haben eine griffigere, rutschfeste Sohle, mit der Sie auch
im matschigen Gelände sicher Fuß fassen.

Fast alle Modelle gibt es inzwischen in einer Herren- und Damenversi-
on. Da Männerfüße nicht nur größer, sondern auch kräftiger sind, ist es für
Frauen ratsam, nicht ein kleines Herren-, sondern ein ausgewiesenes Damen-
modell zu wählen. Diese werden auf speziellen Leisten gefertigt, die oft schma-
ler geschnitten sind.

Folgen Sie Ihrem Gefühl

Pronation und Supination sind Bewegungen im unteren Sprunggelenk, die
der Körper beim Aufsetzen des Fußes natürlicherweise zum Dämpfen der
Abwärtsbewegung nutzt – so wie Sie auch in Hüfte, Knie und gegebenenfalls
im oberen Sprunggelenk einfedern.

Eine Fußfehlstellung wie beispielsweise ein Knick-Senk- oder ein Hohlfuß hat damit zunächst einmal nichts zu tun. Fußfehlstellungen zu korrigieren ist die Aufgabe eines Facharztes (in diesem Fall eines Facharztes für Orthopädie), der bei Bedarf eine Schuheinlage verschreiben kann. Das Bewegungsverhalten des Körpers zu ändern hingegen bedeutet, in ein augsprochen komplexes Geschehen einzugreifen – und zwar leider mit oft unabsehbaren Folgen. So erhöht beispielsweise jede »Anti-Pronationsstütze« gleichzeitig die Belastung der Innenseite der Kniegelenke – ein ähnlicher Effekt wie bei einer O-Bein-Fehlstellung.

Vertrauen Sie Ihrem Gefühl – es weiß mehr als Ihr Schuhverkäufer, Ihr Arzt oder Ihr Orthopädietechniker. Tragen Sie den Schuh, den Sie kaufen möchten, möglichst lange im Geschäft, vielleicht lässt man Sie auch auf der Straße etwas auf und ab laufen. Wenn Sie sich wohl fühlen, wird dieser Schuh nicht wirklich schlecht für Sie sein. Wenn Sie aber zweifeln – wenn er Ihnen zu hart oder zu weich vorkommt –, sollten Sie weitersuchen.

Tipps für den Schuhkauf

Wegen der Vielzahl von Modellen ist es bei der Wahl eines neuen Laufschuhs schwer, den Überblick zu behalten. Gehen Sie daher zum Kauf in den Fachhandel. Das geschulte Personal kann Sie gut beraten und Ihnen anhand Ihrer Laufgewohnheiten (bevorzugter Untergrund, Trainingsumfang) und individuellen Voraussetzungen (Laufstil, Gewicht) helfen, eine Vorauswahl zu treffen. Für einen Schuh aus der aktuellen Kollektion zahlen Sie derzeit rund 120 Euro. Außerdem gilt zu beachten:

Die optimale Passform Klingt banal, ist aber entscheidend: Ihr Laufschuh muss Ihnen passen. Wenn Sie aufrecht stehen, sollten vor dem großen Zeh noch ein bis zwei Zentimeter Platz sein. Beim Laufen dehnt sich der Fuß aus. Ist der Schuh zu kurz, stoßen die Zehen vorn an. Einige Hersteller bieten ihre Modelle in unterschiedlichen Weiten an. Tragen Sie bei der Probe ein Paar Laufsocken.

Das richtige Timing Kaufen Sie Ihre Laufschuhe abends, da sich der Fuß sich im Laufe des Tages etwas ausdehnt. Bringen Sie außerdem genug Zeit mit, damit Sie in Ruhe anprobieren und ausprobieren können. Laufschuhe kauft man nicht mal eben im Vorbeigehen.

Recycling Nehmen Sie Ihre alten Laufschuhe mit ins Geschäft. Erfahrene Verkäufer erkennen an dem Abrieb der Sohle und anderen Abnutzungserscheinungen die Hauptbelastungszonen des Schuhs und können Ihnen so nützliche Tipps geben.

Viele Geschäfte bieten eine Videoanalyse auf dem Laufband an. Was bringt sie? Der Bewegungsablauf des Menschen ist ein sehr komplexes Geschehen. Über 600 Muskeln und rund 200 Knochen arbeiten zusammen und machen aus unseren Bewegungen ein harmonisches Ganzes. Diesen Ablauf gilt es zu erfassen.

Das setzt voraus, dass man den ganzen Körper – oder zumindest große Teile davon – sieht. Also muss der Läufer von Kopf bis Fuß aufgenommen werden und auf dem Laufband knappe Sportkleidung tragen, um Fehlinterpretationen zu vermeiden. Kenntnisse des Verkäufers in Anatomie und Biomechanik sollten vorhanden sein, um das Gesehene zu bewerten. Und oftmals wird der Verkäufer auch gezwungen sein, aus orthopädischer Sicht Stellung zu nehmen, da nicht wenige Läufer beim Schuhkauf über Beschwerden zu berichten wissen, die mit dem neuen Laufschuhmodell natürlich möglichst vermieden werden sollen.

> Wenn sie sachgerecht durchgeführt wird, kann eine Videoanalyse ergänzende Informationen liefern – über das Empfinden des Käufers hinaus. Ansonsten ist die Laufbandanalyse bestenfalls eine verkaufsfördernde Maßnahme, der Versuch, Kompetenz zu signalisieren, wo sie vielleicht gar nicht vorhanden ist.

Zeit für ein Paar Neue

Obwohl sich die Qualität der Laufschuhe in den letzten Jahren weiter verbessert hat, halten sie nicht ewig. Je nach Belastung und Ihrem Körpergewicht ist nach etwa 600 bis 800 Kilometern ihr Haltbarkeitsdatum abgelaufen. Dann sollte Sie Ihr nächster Gang ins Sportgeschäft führen. Sichere Zeichen dafür, dass Ihre alten Treter in den Ruhestand gehen können, sind aber auch eine erkennbar schief abgelaufene Sohle oder eine sehr stark zusammengepresste Zwischensohle.

Nachgefragt bei Prof. Dr. Wessinghage

Kann ich beim Schuhkauf auch ein günstiges Auslauf-modell wählen?

Das ist sicherlich eine gute Alternative. Die Industrie bringt derzeit jedes Jahr eine Frühjahrs- und eine Herbstkollektion auf den Markt, die sich in vielen Fällen nur im Design unterscheiden. Insbesondere wenn Sie mit Ihrem letzten Schuh sehr zufrieden waren und Sie diesen als preiswertes Auslaufmodell entdecken, rate ich Ihnen, zuzugreifen.

Joggen Sie mehrmals pro Woche, kann es sinnvoll sein, mindestens zwei Paar Laufschuhe im Einsatz zu haben – beispielsweise eines fürs Gelände und eines für Asphalt und Parkwege. Sind die Modelle darüber hinaus ein wenig anders konstruiert, ändert sich auch die Belastung Ihres Bewegungsapparats, und Sie beugen Überlastungen vor. Denn auch hier gilt: Abwechslung ist Trumpf.

Suchen Sie für den Laufschuh-kauf am besten einen Fachhändler Ihres Vertrauens auf. Er sollte sich auf jeden Fall Zeit nehmen.

Lauf- oder Walkingschuh

Das Abrollverhalten der Füße beim Walking und Nordic Walking unterscheidet sich nur geringfügig von dem beim Joggen. Der wesentlichste Unterschied besteht in der Belastung, die beim Joggen zwei- bis dreimal höher ist als beim Gehen. Wer bereits einen Laufschuh besitzt, ist damit auch gut ausgestattet, wenn er hin und wieder mal einen Gang runterschaltet und eine Walkingeinheit einlegt.

Auch wenn die Bewegung nicht eins zu eins übertragbar ist, kann man die Joggingmodelle also mit gutem Gewissen auch für das Gehen einsetzen. Umgekehrt wird allerdings häufig kein Schuh draus: Die Walkingmodelle sind in der Regel zu weich für das regelmäßige Lauftraining.

Wann Einlagen sinnvoll sind

Trotz richtiger Schuhwahl kann es bei einer Differenz der Beinlängen sowie X- oder O-Beinen zu Beschwerden beim Laufen kommen. Oft ist auch eine Fußfehlstellung der Auslöser. Solche Fußfehlstellungen entstehen, da die Fußmuskulatur durch das ständige Tragen von modischen Schuhen kaum noch gefordert wird und verkümmert. Die Folge: Das Fußgewölbe fällt in sich zusammen, und Sie marschieren mit Senk-, Spreiz- oder Plattfuß durchs Leben. Abhilfe schaffen möglicherweise Einlagen, die Sie statt der normalen Innensohle in den Schuh legen und ständig (zumindest bei jedem Lauf) tragen müssen. Einlagen wirken korrigierend auf die orthopädische Fehlstellung und werden von einem Facharzt als medizinisches Hilfsmittel verordnet.

Einlagen müssen äußerst exakt und individuell angefertigt werden. Dass die Einlagen bei den ersten Läufen ein wenig drücken, kann normal sein – schließlich ändert sich die Belastung für den gesamten Körper. Hält dieser Zustand jedoch an, sollten Sie sich an den Hersteller wenden, der die Einlagen so lange verändern muss, bis sie optimal passen.

Vorsicht: Einlagen sind eine Sackgasse. Wenn Ihr Körper sich erst einmal auf die Einlagen eingestellt hat, werden Sie sie nicht mehr los. Einlagen verursachen keinen Trainingseffekt, sondern sind ein Hilfsmittel wie z. B. eine Gehstütze oder eine Prothese.

Nachgefragt bei Prof. Dr. Wessinghage

Nach den ersten Einheiten habe ich festgestellt, dass ich mit meinen Laufschuhen nicht zurechtkomme. Kann ich diese noch umtauschen?

Da sind Sie natürlich auf den guten Willen des Verkäufers angewiesen. Tauscht der Ihre Schuhe um, wird er sie – da schon gebraucht – sicherlich nicht mehr an den Mann bringen. Einige Fachhändler bieten diesen Service allerdings an. Fragen Sie im Geschäft nach. Ein solches Serviceangebot kann ein entscheidendes Argument dafür sein, wo Sie Ihre Schuhe kaufen.

Kleidung – bei jedem Wetter gut gerüstet

Baumwolle und Jogginghose haben auf der Laufstrecke seit langem ausgedient. Schließlich kann ein T-Shirt aus Baumwolle bis zu 40 Prozent seines eigenen Volumens an Wasser aufnehmen. Werden Sie unterwegs von einem Regenschauer überrascht, hängt das Shirt nicht nur an Ihnen wie ein nasser Sack – es ist auch genauso schwer.

Kleidung aus modernen Funktionsfasern transportiert dagegen den Schweiß von der Haut nach außen, wo er schneller verdampfen kann. So bleiben Sie warm und trocken. Fast alle Hersteller haben einen anderen Namen für die von ihnen verwendete Faserart entwickelt. Die Funktionsweise ist jedoch bei allen ähnlich.

Sage und schreibe 40 Prozent der abgegebenen Körperwärme verliert der Mensch über den Kopf.

Bewährtes Zwiebelprinzip

Der Zwiebellook, d.h. das Tragen von mehreren Lagen übereinander, ist fürs Laufen optimal: Die innerste Schicht liegt direkt auf der Haut und transportiert den Schweiß vom Körper. Mit einer weiteren Schicht regulieren Sie je nach Wetterlage die Temperatur, die äußerste Schicht sollte wind- und wetterbeständig sein. Achten Sie darauf, dass die Kleidung eng anliegt, aber Ihren Bewegungsspielraum nicht einengt.

Für wechselhaftes Wetter sind atmungsaktive Laufjacken mit abtrennbaren Ärmeln empfehlenswert. Diese lassen sich im Handumdrehen in eine Weste umfunktionieren. Moderne Modelle sind ebenfalls aus atmungsaktiven Materialien hergestellt, wiegen zum Teil unter 100 Gramm und bestehen aus sehr dünnen, eng gewobenen Fasern. Auch diese nehmen kein Wasser auf und fallen daher selbst bei Regen kaum ins Gewicht. Hosen und Langarm-Shirts für den tiefen Winter haben ein aufgerautes Innenfutter. So wird Ihnen selbst bei Minusgraden warm ums Herz. In der kalten Jahreszeit gehören auch Handschuhe und ein Stirnband, besser noch eine Mütze, zur Grundausstattung.

Equipment fürs ganze Jahr

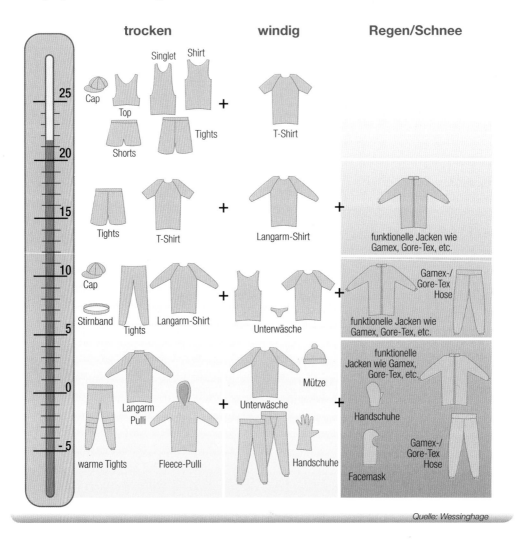

trocken   windig   Regen/Schnee

Cap — Singlet — Shirt — Top — Shorts — Tights — T-Shirt

Tights — T-Shirt — Langarm-Shirt — funktionelle Jacken wie Gamex, Gore-Tex, etc.

Cap — Stirnband — Tights — Langarm-Shirt — Unterwäsche — funktionelle Jacken wie Gamex, Gore-Tex, etc. — Gamex-/Gore-Tex Hose

warme Tights — Langarm Pulli — Fleece-Pulli — Unterwäsche — Mütze — Handschuhe — funktionelle Jacken wie Gamex, Gore-Tex, etc. — Handschuhe — Facemask — Gamex-/Gore-Tex Hose

Quelle: Wessinghage

72

Laufsocken

Blasen, Fußpilz und Schweißfüße vermeiden Sie mit speziellen Laufsocken. Diese sind ergonomisch geformt – einige Hersteller bieten sogar verschiedene Socken für den rechten und den linken Fuß an – und liegen so ohne Falten am Fuß an. Die Funktionsfasern transportieren den Schweiß vom Fuß weg, sodass dieser trocken bleibt. Dadurch sinkt das Risiko einer schmerzhaften Blase oder Scheuerstelle. An besonders empfindlichen Stellen sind die Socken außerdem gepolstert, um Druckstellen zu vermeiden. Auch hier gilt: Die Socken müssen passen, sie dürfen nicht rutschen.

Insbesondere in den Übergangsmonaten gilt: Ziehen Sie sich nicht zu warm an. Wenn Sie vor die Tür treten und leicht frösteln, sind Sie meist richtig gekleidet – Sie kommen schon noch ins Schwitzen!

Stets gepflegt

Um die Lebenserwartung der Hightech-Klamotten zu verlängern, lohnt es sich, Folgendes beachten:

▶ **Aufhängen** Werfen Sie Shirt und Hose nach dem Training nicht einfach in den Wäschekorb. Darunter leidet die Funktion der Fasern. Besser auf einen Bügel hängen und trocknen lassen.

▶ **Cool bleiben** Die meisten Lauf-Shirts dürfen Sie maximal bei 40 Grad waschen. Verzichten Sie dabei auf Weichspüler, denn der setzt sich zwischen den Fasern fest und beeinträchtigt deren Funktion.

▶ **Handarbeit** Laufschuhe haben grundsätzlich nichts in der Waschmaschine verloren. Die im Waschmittel enthaltenen Tenside greifen den Kleber an. Außerdem leiden Obermaterial, Dämpfung und Zwischensohle. Reinigen Sie die Schuhe lieber mit einem Schwamm oder einer Bürste und einer milden Seife unter kaltem Wasser. Die Einlegesohle am besten vorher herausnehmen. Die Schuhe trocknen schneller, wenn Sie sie mit Zeitungspapier ausstopfen. Stellen Sie die Schuhe aber nicht in den prallen Sonnenschein.

Technisches Equipment

Im Grunde genommen ist Laufen eine sehr preiswerte Sportart: Gute Laufschuhe, ein paar wichtige Funktionskleidungsstücke – und schon können Sie loslegen. Darüber hinaus gibt es jedoch allerlei – auch kostspieliges – Gerät, das beim Lauftraining zum Einsatz kommen kann, und einiges davon ist absolut unerlässlich.

Hand aufs Herz

Eine Pulsuhr gehört sicher zu den Ausrüstungsgegenständen, die nicht unter »modischer Schnickschnack« abzuhaken sind.

Für ein effektives, gesundheitsorientiertes Training des Laufanfängers ist ein Herzfrequenzmesser ein Muss. Dieser besteht aus einem Brustgurt mit Sensoren, die den Herzschlag registrieren und drahtlos an die Uhr am Handgelenk übermitteln.

Gerade Anfängern fehlt in den ersten Monaten häufig noch das notwendige Körpergefühl, um sich nicht zu überlasten. Die Folge ist nicht nur, dass Sie schneller erschöpft sind, Sie opfern auch die gesundheitlichen Wirkungen der Bewegung dem schnelleren Tempo. Für Profis ist der Pulsmesser ebenfalls ein guter Begleiter, insbesondere wenn Sie hin und wieder eine Intervalleinheit oder ein Fahrtspiel einlegen.

Die Pulsmesser haben sich in den letzten Jahren zu wahren Wunderwerken der Technik entwickelt, die längst nicht mehr nur noch die Herzfrequenz anzeigen. Einsteigergeräte gibt es bereits ab etwa 50 Euro, für High-End-Produkte zahlen Sie bis zu 500 Euro. Erfreulicherweise haben alle im Handel erhältlichen Markenprodukte eins gemeinsam: Sie messen erstaunlich genau und liefern Werte, die sogar für ambitionierte Sportler vollkommen ausreichend sind. So ergaben Labortests im Auftrag der Zeitschrift FIT FOR FUN, dass beim Laufen selbst die gemessenen Werte der günstigsten Herzfrequenzmesser maximal um zwei Schläge von den Messwerten eines medizinischen EKG-Gerätes abweichen. Und solche Schwankungen sind für Freizeit-Athleten unerheblich.

Das sollte der Herzfrequenzmesser leisten

Überlegen Sie sich vor dem Kauf, welche Funktionen des Pulsmessers Sie wirklich nutzen wollen und werden – denn je mehr Features, desto höher der Preis. Über folgende Funktionen sollte Ihr Trainer am Handgelenk jedoch mindestens verfügen:

▶ Herzfrequenz

▶ Uhr

▶ Stoppuhr

▶ Durchschnittspuls

▶ Einstellbare obere und untere Grenze

Achten Sie auf ein gut ablesbares, beleuchtetes Display und einfach zu bedienende Druckknöpfe. Sind Sie häufiger in einer Laufgruppe unterwegs, empfiehlt sich ein abgeschirmtes Modell. Diese Geräte verschlüsseln die Daten vor der Funkübertragung und verhindern so, dass sich Ihre Pulswerte mit denen Ihres Mitläufers überlagern. Wenn Sie hin und wieder auch ein Intervalltraining absolvieren, sollten Sie einen Pulsmesser wählen, der auch Zwischenzeiten und die entsprechenden Pulswerte speichert.

Für ein ernsthaftes Training längst unverzichtbar geworden: der Herzfrequenzmesser.

Hübsch, aber verzichtbar

Um über Ihr Training genau Buch zu führen, gibt es auch Geräte, die sich an einen Computer anschließen lassen, und die entsprechenden Daten auf den Rechner übertragen. Die mitgelieferte Software ermöglicht eine genaue Auswertung und eine grafische Darstellung sowie den Vergleich Ihrer Leistungen.

Ansonsten sind bei den technischen Features der Fantasie nahezu keine Grenzen mehr gesetzt. So gibt es Geräte, die vorgeben, den Kalorienverbrauch oder gar den prozentualen Anteil der Fettverbrennung zu ermitteln (wer's glaubt!), individuelle Trainingspläne für Sie erstellen oder in Verbindung mit einem weiteren Sender, der am Schuh befestigt wird, die Distanz und das Lauftempo ermitteln.

Erst die halbe Miete

Mit der Pulsuhr allein können Sie zunächst allerdings nur wenig anfangen. Sie sollten auch Ihre optimale Trainingsherzfrequenz bestimmen (beispielsweise nach der Formel 180 minus Lebensalter), damit Sie an der Pulsuhr eine Ober- und Untergrenze eingeben können (wird diese über- oder unterschritten, gibt die Uhr ein Warnsignal von sich). Manche Pulsuhren bieten Tests an, die auf der Herzfrequenzvariabilität beruhen, den minimal variierenden Abständen zwischen zwei Herzschlägen. Das ist besser als eine Formel, aber immer noch sehr vage.

Lassen Sie sich kein X für ein U vormachen: Überlegen Sie genau, welche Funktionen Ihr Herzfrequenzmesser haben soll, und lassen Sie sich nicht durch Spielereien blenden.

Der zuverlässigste Weg, Ihre Pulsuhr zu eichen, ist der Laktattest. Bei einer oder mehreren Belastungsstufen werden Herzfrequenz und Laktatwert (Milchsäureproduktion im Körper) gemessen und in Relation zueinander gesetzt. So erhalten sie Herzfrequenzbereiche, in denen Sie beim Lauftraining Ihre Leistungsfähigkeit verbessern und Ihre Gesundheit stabilisieren. Diese Tests kosten zwischen 40 und 80 Euro und werden z. B. von Sportärzten, Sportinstituten und Olympiastützpunkten (auch für Normalbürger!) angeboten.

Und noch mehr Hightech

Um Ihnen das Läuferleben leichter und komfortabler zu machen, präsentieren die Sportartikelhersteller ständig technische Neuentwicklungen:

▶ **Projekt Fusion** Die Kooperation von Adidas und dem Pulsmesser-Spezialisten von Polar soll Schluss machen mit zu lockeren oder scheuernden Brustgurten beim Pulsmesser. Die Elektroden zur Messung der Herzfrequenz sind in die Fasern des Laufshirts oder Lauf-BHs eingearbeitet. Ein in den Schuh integrierter Sender ermittelt außerdem Geschwindigkeit und Streckenlänge. Der Nachteil: Das Hemd kostet zwischen 55 und 70 Euro und muss hauteng sitzen (wie der Brustgurt).

▶ **Nike plus** Auch dies ist ein Joint Venture, diesmal von Nike und Computerhersteller Apple. Ein Sender im Schuh misst das Tempo und die Distanz und übermittelt die Daten an den iPod Nano. Die Werte lassen sich grafisch auf dem iPod oder dem heimischen Rechner darstellen. Außerdem können Sie online ein Trainingstagebuch führen und sich mit anderen Läufern weltweit vergleichen.

▶ **GPS** Wenn Sie immer wissen wollen, wo es langgeht: Die GPS-Sender gibt es als zusätzliches Equipment oder auch in Pulsmesser oder Uhr integriert. So lässt sich nicht nur die Streckenlänge nahezu auf den Meter genau darstellen, Sie können auch ein Höhenprofil Ihrer Trainingsrunde ermitteln.

Für eine Rundum-Laufausrüstung können Sie sehr viel Geld ausgeben – müssen aber nicht. Doch vielleicht dienen Ihnen die technischen Wunderwerke als zusätzlicher Ansporn.

Fünf fitte Fakten

1. Moderne Laufbekleidung ist nicht nur ein optischer Gag. Die Funktionsfasern sorgen bei jedem Wetter für ein gutes Klima und erhöhen den Spaßfaktor beim Laufen.

2. Die Laufschuhe sind der wichtigste Teil Ihrer Ausrüstung. Wer hier (an Aufwand und Sorgfalt beim Kauf) spart, wird es später teuer bezahlen.

3. Kaufen Sie Laufschuhe nicht nach der Optik, sondern nach orthopädischen Gesichtspunkten. Suchen Sie anhand Ihrer Fußform und individuellem Wohlfühlen einen Schuh, der zu Ihnen passt.

4. Gehen Sie in den Fachhandel. Beim Discounter bekommen Sie die Laufausrüstung vielleicht ein paar Euro günstiger, doch eine gute Beratung ist unbezahlbar.

5. Wer systematisch trainieren möchte, muss eine Pulsuhr verwenden. Anhand der Herzfrequenz sehen Sie, ob Sie im richtigen Tempo unterwegs sind oder vielleicht Ihre Gesundheit aufs Spiel setzen.

Die **Technik**
macht's

Laufen kann jeder. Vergleicht man jedoch die geschmeidigen Schritte der Welt-klasseläufer mit dem schwerfälligen Stampfen einiger Freizeitjogger, sieht man, dass es große Unterschiede gibt.

Eine Frage des Stils

Bei Profis auf der Laufbahn wird es besonders deutlich sichtbar: Sie kämpfen um jeden Zentimeter, und die in Zehntel- und Hundertstelsekunden gemessene Leistungsfähigkeit ist natürlich auch eine Frage der optimalen Technik – sie ist es, die über Sieg oder Niederlage mit entscheidet. Für Sie als Genussläufer dagegen ist eine gute Technik vor allem deshalb wichtig, weil sie Sie vor Verletzungen schützt.

Eher selten – zu große Schritte

Die Schrittlänge ist im Wesentlichen anhängig von der Laufgeschwindigkeit. Die schnellsten Sprinter machen die größten Schritte (bei Carl Lewis betrugen sie seinerzeit über drei Meter, aber er war ja auch fast 40 km/h schnell). Es ist also vergleichsweise simpel, die Schrittlänge zu verkürzen: Beginnen Sie ganz langsam. Lassen Sie sich Zeit, und denken Sie vor allem nicht an Ihre Schritte.

Mit einem guten Laufstil sind Sie nicht nur ökonomischer, sondern auch gesünder unterwegs.

Die vier Phasen des Bewegungsablaufs

Vordere Stützphase   **Mittlere Stützphase**

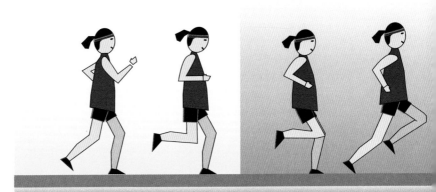

Der Bewegungsablauf beim Joggen findet in insgesamt vier Phasen statt.

Sonst kommen Sie womöglich noch durcheinander, denn Sie wollen ja auch noch mit Ihrem Laufpartner plaudern, die wunderbare Natur in sich aufnehmen, hin und wieder auf die Pulsuhr schauen und vielleicht noch das Meditative des Laufens für sich entdecken. Ganz schön viel auf einmal.

Gibt es den perfekten Stil?

Den optimalen Laufstil gibt es nicht – nicht in der Theorie, und in der Praxis schon gar nicht. Aber es gibt einen Bewegungsablauf, der Ihren Körperformen (z. B. Beinlänge, Beinachse, Rumpflänge, Muskelkraft, Körpergewicht) angemessen ist. Diesem Optimum werden Sie sich nach und nach annähern. Vertrauen Sie zunächst sich und Ihrem Gefühl. So wie sich Ihr Körper ändern wird, z. B. durch eine Gewichtsabnahme, wird sich auch Ihr Bewegungsverhalten ändern. Die Grundregel: Nur wenn Sie das Gefühl haben, dass es irgendwie nicht richtig rund läuft, sollten Sie Ihre Technik einmal auf den Prüfstand stellen.

Ihr Körper verkraftet die hohen Stoßkräfte bei jeder Landung auf Dauer nur, wenn Sie Ihr natürliches Dämpfungssystem möglichst effektiv nutzen.

Hintere Stützphase   **Flugphase**

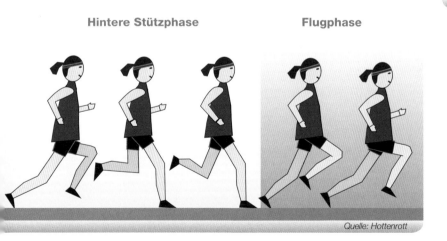

Quelle: Hottenrott

Das Vier-Phasen-Modell

Um die Lauftechnik exakt zu beschreiben, unterteilen Wissenschaftler den Laufschritt in vier Phasen:

▶ Vordere Stützphase   ▶ Mittlere Stützphase
▶ Hintere Stützphase   ▶ Flugphase

Beim Muskelkater handelt es sich nicht – wie oft angenommen – um eine Übersäuerung, sondern um winzige Verletzungen der Muskulatur, die innerhalb einiger Tage ausheilen, dabei aber recht starke Schmerzen verursachen.

Phase 1 – vordere Stützphase

Die vordere Stützphase beginnt mit der Landung. Der Fuß setzt vor dem Körperschwerpunkt auf, meist ist das Knie dabei leicht gebeugt. Je höher Ihr Körpergewicht, Ihre Geschwindigkeit, Schrittlänge und Flughöhe, desto größer

Nachgefragt bei Prof. Dr. Wessinghage

Ich bemühe mich, stets langsam zu laufen, und orientiere mich an meiner Herzfrequenz. Trotzdem steigt mein Puls immer in enorme Höhen.

Keine Angst vor hohen Pulswerten! Das ist der erste Rat, den man Menschen geben muss, die schon beim ganz langsamen, wirklich entspannten Laufen (ständiger Redefluss ist ohne Schwierigkeiten möglich) Pulswerte von 180 oder mehr haben.

Die Pulsfrequenz hängt zuallererst von genetischen Faktoren, insbesondere dem Körperbau, ab. Schlanke, grazil gebaute Menschen (häufiger Frauen) haben ein kleineres Herz und benötigen höhere Frequenzen, bei kräftig gebauten Menschen (meist Männern) ist es umgekehrt. Das hat überhaupt nichts mit falsch oder richtig zu tun. Ein Laktattest könnte Ihnen zusätzliche Sicherheit geben, in welchen Pulsbereichen Sie die verschiedenen Trainingsformen durchführen sollten.

die Anforderungen an die so genannte Streckerkette – vor allem die vordere Oberschenkel- und die Gesäßmuskulatur. Diese strecken nicht nur Hüfte und Knie, sondern federn bei der Landung auch den Aufprall ab.

Beim Abfedern des Aufpralls bei der Landung kommt es zu so genannten exzentrischen Muskelkontraktionen. Exzentrisch bedeutet in diesem Zusammenhang, dass sich der Muskel anspannt, aber gleichzeitig länger wird, da ihn äußere Kräfte dehnen (hier das Körpergewicht, das sich in der Abwärtsbewegung befindet). Diese exzentrische Belastung verursacht, wenn sie sehr heftig oder wiederholt auftritt, den Muskelkater.

Neben Oberschenkel- und Gesäßmuskulatur stehen dem Läufer in der vorderen Stützphase noch weitere Muskeln zur Dämpfung zur Verfügung. Fast alle Läufer nutzen die Muskulatur an der Innenseite des Unterschenkels, vor allem den hinteren Schienbeinmuskel. Er bewegt den Fuß im unteren Sprunggelenk und zieht ihn hier in die so genannte Supinationshaltung. Wird der Fuß mit dem Außenrand aufgesetzt (hinten außen, schauen Sie sich einmal Ihre alten Laufschuhe an!), spannt sich der hintere Schienbeinmuskel an und bremst die in Richtung Pronation verlaufende Bewegung.

Phase 2 – mittlere Stützphase

Die Abwärtsbewegung des Körpers endet nicht mit dem Aufsetzen des Fußes auf den Boden. Sie setzt sich fort und erreicht den tiefsten Punkt (»unterer Totpunkt«), wenn sich der Fuß des Standbeins direkt unter dem Körperschwerpunkt befindet. Jetzt ist die mittlere Stützphase erreicht, in der Ihre Bein-, Becken- und Rumpfmuskulatur am stärksten beansprucht wird. Schließlich muss sie den Körper wieder nach oben beschleunigen.

Phase 3 – hintere Stützphase

Die dritte Phase des Bewegungsablaufs, die hintere Stützphase, beinhaltet die Streckbewegung des Standbeins. Der Abdruck erfolgt aus Hüfte (Gesäßmuskulatur), Kniegelenk (vordere Oberschenkelmuskulatur) und Sprunggelenk (Wadenmuskulatur).

Setzen Sie den Fuß nicht mit der Ferse, sondern mit dem Vorfuß auf den Boden, können Sie auch noch die starke Wadenmuskulatur zur Dämpfung nutzen. Berührt Ihr Fuß allerdings den Boden zunächst mit der Ferse, klappt das nicht. In diesem Fall sollten Sie sich auf die Produkte der Schuhindustrie verlassen, deren Fersenpolster weich gefedert sind.

Phase 4 – Flugphase

Sobald sich der Fuß vom Boden löst, beginnt die Flugphase. Sie ist vor allem von der Laufgeschwindigkeit (s.o.) abhängig; je höher das Tempo, desto größer sind die Schritte, und desto höher und weiter ist die Flugphase. Sie endet mit dem Aufsetzen des Fußes auf den Boden – nun beginnt der Bewegungsablauf von neuem mit der vorderen Stützphase.

Das aktive Vorfußlaufen hat verschiedene Vorteile: höherer Körperschwerpunkt, bessere aktive Dämpfung (da das obere Sprunggelenk mit einbezogen wird), bessere Zugphase (Einsatz der hinteren Oberschenkelmuskulatur zum Vortrieb), geringere Belastung der Kniescheibe.

Ballen oder Ferse?

Seit langer Zeit fragen sich viele Laufanfänger: Fersen- oder Vorfußlauf? Beim Fersenlauf landen Sie im äußeren Bereich der Ferse, ausgelöst durch die entspannte, natürliche Supinationshaltung des Fußes vor dem Bodenkontakt. Anschließend bewegt sich der Fuß in die Mittelstellung (»Pronationsbewegung«) und gegebenenfalls auch etwas darüber hinaus. Gleichzeitig wird der Fuß nach vorn abgerollt, der Abdruck erfolgt über die Großzehe. Dies ist die häufigste Technik bei Joggern und Freizeitsportlern. Und wer bereits läuft und bisher keine Probleme hatte, kommt mit dieser Technik sicherlich auch in Zukunft gut voran.

Beim aktiven Vorfußlaufen landen Sie auf der Außenkante des Fußes in Höhe des Kleinzehen-Grundgelenks. In der mittleren Stützphase ruht der ganze Fuß auf dem Boden (nicht nur der Vorfuß wie beim Sprinter). Diese Technik ist diejenige, die der Mensch auf natürlichen Bodenverhältnissen auch beim Barfußlaufen unwillkürlich einsetzt, denn ohne Laufschuhe eignet sich die menschliche Ferse nicht zur Dämpfung. Es ist also die ursprünglichste Lauftechnik.

Aber weder treffen wir heute natürliche Bodenverhältnisse an noch viele Menschen, die die nötigen Voraussetzungen mitbringen (geringes Körpergewicht, trainierte Muskulatur), sodass dieser Bewegungsablauf nur bei wenigen Freizeitläufern zu sehen ist – aber bei allen Spitzenathleten, die längere Strecken (800 m bis 10 000 m) im Stadion laufen.

Auf und Ab

In einem hügeligen Gelände gilt es, die Lauftechnik den natürlichen Gegebenheiten anzupassen. Laufen Sie bergauf, verkürzen Sie die Schrittlänge und verstärken Sie den Armeinsatz. Der Oberkörper wird dabei etwas weiter nach vorn geneigt. Mit einem kräftigeren Abdruck aus dem Fußgelenk entlasten Sie außerdem die stärker geforderten Oberschenkel.

Auch wenn es längst nicht so anstrengend scheint, ist das Joggen bergab für die Muskeln die höchste Belastung. Denn das Abfedern der immensen Aufprallkräfte ist genau die Bewegung, die den gefürchteten Muskelkater verursacht (exzentrische Kontraktion, siehe S. 83). Um den Berg sicher hinabzukommen, drosseln Sie das Tempo. Die Arme sind dabei nicht so stark angewinkelt und sorgen für die notwendige Stabilität und Balance. Der Oberkörper ist etwas weiter aufgerichtet. Ganz wichtig: Vermeiden Sie es auch auf abschüssigen Passagen, auf dem gestreckten Bein zu landen.

Ein Lockerungs- und Dehnpro-gramm für den Schultergürtel gehört zum begleitenden Training des Läufers.

Die Armarbeit

Gelaufen wird natürlich in erster Linie mit den Beinen. Aber auch die Arme haben einen wichtigen Anteil an einem guten Laufstil. Denn sie schwingen im Takt mit und aktivieren so die für die Körperstabilität wichtigen diagonalen Muskelketten (rechtes Bein/linker Arm und umgekehrt). Beim Joggen sind die Arme im Ellenbogen etwa 90 Grad gebeugt und schwingen parallel zum Kör-per. Diese Bewegung hat ihren Ursprung in der Schulter, der Ellenbogenwinkel verändert sich kaum. Die Hände sind locker, nicht zu einer Faust geballt. Die Armbewegungen dienen u. a. dazu, kraftraubende Rotationen des Oberkör-pers zu verhindern. Denn wer glaubt, Kraft zu sparen, indem er die Arme lang

So läuft's am besten

Kopf/Atmung

Halten Sie den Kopf aufrecht, der Blick ist nach vorn gerichtet (ca. 10 Meter vor Ihnen auf den Boden). So entspannen Sie den Nacken. Atmen Sie durch Nase und Mund, so wie es Ihnen am leichtesten fällt.

Hüfte/Rumpf

Bei einem flüssigen Laufstil bewegt sich der Körper nur minimal auf und ab. Beugen Sie sich leicht nach vorn, aber halten Sie dabei den Rücken gerade, ohne ins Hohlkreuz zu gehen.

Arme

Sie sind der Schrittmacher der Beine. Pendeln Sie mit den Armen seitlich dicht am Körper, zwischen Ober- und Unterarm sollte ungefähr ein rechter Winkel sein.

Hände

Die Hände locker, offen und entspannt halten. Verkrampfen Sie die Finger nicht zu einer Faust. Und »boxen« Sie nicht vor der Brust gegen einen unsichtbaren Gegner.

Knie/Beine

Das Abstoßbein sollte fast komplett gestreckt sein, ein nur leichter Winkel im Knie unterstützt einen ökonomischen Laufstil. Ein zu langer Schritt bremst Ihren Bewegungsfluss.

Schrittlänge

Führen Sie den Fuß flach über dem Boden nach vorn, und setzen Sie ihn kurz vor der Körperachse auf. Rollen Sie von der Ferse über den Mittelfuß zum Ballen ab.

am Körper hinunterbaumeln lässt, ist auf der falschen Fährte. Das Gegenteil ist der Fall: Ohne Armeinsatz wird Ihr Lauf deutlich unökonomischer, da der Rumpf die Impulse der Beine ausgleichen muss – und Sie verbrauchen zusätzliche Energie.

Der Oberkörper

Zum optimalen Laufstil gehört auch die richtige Rumpfhaltung. Der Oberkörper ist aufrecht oder leicht nach vorn geneigt. Lassen Sie die Schultern nicht nach vorn hängen (»Buckel«), doch vermeiden Sie auch ein übermäßiges Hohlkreuz. Der wichtigste Hinweis ist der auf die Kopfhaltung, denn der Kopf steuert die Haltung des gesamten Körpers. Er sollte aufrecht gehalten werden,

Besonders wichtig für einen guten Laufstil und die Vorbeugung von Verletzungen ist die Lenden-Becken-Hüft-Region. Eine kräftige Gesäßmuskulatur entlastet Ihr Hüftgelenk und optimiert den Vortrieb. Gleichzeitig muss der Hüftbeugemuskel gut dehnfähig sein.

Nachgefragt bei Prof. Dr. Wessinghage

Was steckt hinter dem Sprichwort »Sprinter werden geboren, Langstreckler gemacht«?

Es ist tatsächlich nicht ganz falsch. Im Körper gibt es zwei Arten von Muskelfasern: schnell arbeitende (FT-Fasern) und langsamere, ausdauernde (ST-Fasern). Sprinter haben in der Regel einen hohen Anteil von FT-Fasern, Langstreckler mehr ST-Fasern. Die Verteilung ist individuell unterschiedlich und zunächst genetisch bedingt. Allerdings: Während langsame Fasern sich nicht in schnelle umwandeln lassen, spricht vieles dafür, dass durch ausdauerndes Laufen die schnellen Fasern besser durchblutet werden – und somit auch aerob arbeiten können und die Muskeln beim langsamen Joggen unterstützen. Das ist einer der Gründe dafür, dass Läufern mit zunehmendem Trainingsalter die langen Strecken leichter fallen und die kurzen immer schwerer.

Ihr Blick ist dabei rund zehn Meter vor Ihnen auf den Boden gerichtet. Gegen Ende eines Laufs kommen viele Jogger häufig ins Wanken, weil der Oberkörper dann hin und her schwankt und zu rotieren beginnt. Dies ist ein Zeichen dafür, dass Bauch- und Rückenmuskulatur ermüdet sind und die erforderliche Haltearbeit nicht mehr leisten können. Ein Kräftigungsprogramm für Bauch und Rücken (siehe S. 124ff.) schafft Abhilfe.

Atmung

Für die meisten Freizeitjogger sind Sauerstoffaufnahme und -verwertung die limitierenden Faktoren der Laufleistung. Dennoch lohnt es kaum, sich über die Atmung zu viele Gedanken zu machen: Die notwendige Luft zum Laufen besorgt sich der Körper ganz allein.

Konzentrieren Sie sich beim Laufen nicht zu sehr auf die Atmung und halten Sie den Blick nicht stur auf den Boden gerichtet – sonst entgeht Ihnen womöglich die Schönheit der Natur!

Der Atemrhythmus kann allerdings zur Steuerung des Lauftempos genutzt werden. Wenn Sie es schaffen, acht Schritte pro Atemzyklus unterzubringen (z. B. vier Schritte lang ausatmen und vier Schritte lang wieder einatmen), sind Sie nicht zu schnell unterwegs. Bei sechs Schritten pro Zyklus liegen Sie etwa im Bereich des mittleren Dauerlaufs, bei nur vier Schritten sind Sie zu flott (schneller Dauerlauf). Diese Methode ist nicht dazu gedacht, ständig zu zählen. Vielmehr kann man hier und da ohne technische Hilfsmittel das Tempo überprüfen. Sie ist besonders für Anfänger geeignet.

Falls Ihnen das Zählen der Atemzüge zu anstrengend ist oder Sie durcheinander bringt: Lassen Sie es sein. Konzentrieren Sie sich nicht auf die Atmung, dann wird sie von selbst gleichmäßig werden.

Laufen lernen, die Zweite

Wenn Sie jetzt das zweite Mal laufen lernen, dürfen Sie keine Wunder erwarten. Verfolgen Sie stattdessen die Politik der kleinen Schritte – mit der waren Sie ja auch beim ersten Mal erfolgreich.

Um die Technik zu verbessern, gibt es viele Übungen, die das Ziel haben, den Bewegungsablauf zu harmonisieren und zu ökonomisieren. Sie verbessern die Koordination und Beweglichkeit und stärken die für einen sauberen Laufstil notwendige Muskulatur. Zudem bekommen Sie ein besseres Körpergefühl. Denn was sich auf dem Papier ganz einfach liest, ist in der »freien Wildbahn« oft nur schwer umzusetzen.

Je häufiger und regelmäßiger Sie dieses Programm in Ihr Training einbauen, umso besser werden die Resultate sein. Absolvieren Sie die Übungen am besten barfuß auf einem Stück Rasen, nachdem Sie sich einige Minuten warm gelaufen haben. Das können Sie ohne Weiteres am Ende eines Trainingslaufs tun, wenn Sie gut aufgewärmt sind – allerdings nur, wenn es ein vergleichsweise leichter Dauerlauf war. Wiederholen Sie jede Übung z. B. 3-mal über eine Distanz von etwa 20 bis 30 Metern.

1 Fußgelenkarbeit

Sieht einfach aus, bereitet Anfängern aber oft Schwierigkeiten. In der Ausgangsstellung ist das eine Bein komplett gestreckt, die Ferse berührt nur leicht

Entscheidend ist nicht das Tempo, mit dem Sie die Übungen ausführen, entscheidend sind Koordination und Bewegungsharmonie. Es ist hilfreich, das Workout mit einem Partner durchzuführen und sich dabei gegenseitig zu korrigieren.

den Boden. Bei dem anderen Bein ist das Fußgelenk maximal gestreckt und das Knie daher leicht gebeugt. Bei geringem Vortrieb wechseln Sie nun die Positionen. Die Zehen lösen sich dabei nur knapp vom Boden. Wenn in diesem Moment jemand hinter Ihnen stünde, könnte er fast Ihre komplette Fußsohle sehen. Achten Sie bei der Übung auch auf die Körperhaltung (aufrecht) und den Armeinsatz.

② Skippings

Auch als Kniehebeläufe bekannt. Der Oberschenkel des Schwungbeins wird dabei etwa bis zur Waagerechten gehoben. Hier ist ein kräftiger, aktiver Armeinsatz nötig. Da die Übung recht anstrengend ist, beginnen Sie gegebenenfalls mit einer kürzeren Distanz.

❸ Anfersen

Aus dem langsamen Laufen die Ferse bis ans Gesäß bringen. Der Unterschenkel zeigt dabei fast senkrecht nach unten. Die Hüfte bleibt gestreckt, der Vorfuß hat Bodenkontakt. Fußgelenkarbeit und Anfersen lassen sich auch gut verbinden und variieren – beispielsweise nur links oder nur rechts anfersen oder dreimal links/dreimal rechts oder im Wechsel mit einigen Schritten Fußgelenkarbeit. Ihrer Fantasie sind dabei (fast) keine Grenzen gesetzt.

❹ Wechselsprünge

Springen Sie in Schrittstellung mit beiden Beinen aus der Hocke gleichzeitig nach oben. Wechseln Sie die Schrittstellung in der Luft und landen Sie wieder auf beiden Beinen.

Am besten erlernen Sie die richtige Technik in Laufseminaren, die mittlerweile an vielen Orten angeboten werden. Hinweise und Tipps dazu finden Sie in der Umschlagklappe dieses Buchs.

❸

❹

5 Seitsprünge

Bei dieser Übung hüpfen Sie seitwärts. Forsches Abdrücken sorgt dabei für große Sprünge und eine kräftige seitliche Gesäßmuskulatur. Hüpfen Sie mal nach rechts, mal nach links und auch im schnellen Wechsel, z. B. auf Kommando Ihres Partners.

6 Sprunglauf

Beginnen Sie mit einem sehr langsamen, betonten Lauf. Drücken Sie sich nach und nach immer kräftiger ab, sodass die Flugphase höher, Ihr Lauftempo aber nicht schneller wird. Wenn Sie diese Bewegung sicher beherrschen, können Sie die Flugphase länger und ausgreifender gestalten. Hier ist die richtige, stark forcierte Armarbeit (siehe S. 85f.) sehr wichtig.

Raus aus den Schuhen

Das Barfußlaufen ist eine der besten und effektivsten Trainingsmethoden, um die Muskeln von Fuß und Unterschenkel und letztlich auch die gesamte Beinmuskulatur zu trainieren. Gleichzeitig verbessern Sie so auch die Koordination. Lassen Sie im Sommer also die Schuhe einfach mal für ein paar Minuten links liegen. Am schönsten ist es natürlich, barfuß am Strand entlangzujoggen, eine schöne Rasenfläche (Stadion) eignet sich aber genauso gut. Da das Joggen ohne Schuhe ein intensives Krafttraining ist, ist es natürlich auch anstrengender. Daher sollten Sie mit wenigen (z. B. drei bis fünf) Minuten beginnen. Sie werden merken, dass die Bewegung ungewohnt ist und Ihre Muskeln Reaktionen zeigen. Haben Sie also auch hier ein bisschen Geduld. Und Vorsicht bei tiefem Sand: Hier ist die Belastung für die Achillessehne ungewohnt groß!

Laufen ohne Schuhe ist eine ungewohnte Wohltat für Ihre Füße. Doch Achtung: Die Belastung ist in der Tat ungewohnt, übertreiben Sie es also nicht.

Fünf fitte Fakten

1. Den optimalen Laufstil gibt es nur in der Theorie. Selbst Profisportler haben ihre individuellen Eigenheiten.
2. Verbessern Sie vor allem Ihr Körpergefühl, es verfügt über mehr Informationen als jeder Außenstehende.
3. Gelaufen wird nicht nur mit den Beinen. Arme, Kopf und Rumpf leisten einen wichtigen Beitrag zu einem ökonomischen und gesunden Laufstil.
4. Die Laufübungen (siehe S. 89ff.) und das Barfußlaufen in Verbindung mit Kräftigungs- und Dehnübungen (siehe S. 120ff.) sind die beste Methode, um Ihren Laufstil zu verbessern.
5. Laufseminare sind nicht nur eine willkommene Abwechslung, sondern bringen Sie auch voran. Ein Profi kann Ihre Stärken und Schwächen erkennen und wertvolle Tipps geben.

Powerfood
für Läufer

Der Körper kann nur
etwas leisten, wenn
er entsprechende
Energiereserven hat –
wie bei jedem Sport
entscheidet auch
beim Laufen Input
über Outcome!

So futtern Sie sich fit

Vielleicht sind die vielen Kochshows schuld, die derzeit bei fast jedem Sender über die Mattscheibe flimmern. Täglich werden uns neue, angeblich einfache und leckere Rezepte präsentiert, die unseren Appetit anregen sollen. Trotzdem sind laut einer Umfrage des Magazins »Zeit-Wissen« 47,5 Prozent der Bundesbürger unsicher, wie man sich gesund ernährt. Und selten waren sich die Geschlechter so einig wie in dieser Frage, denn Männer (46,3 Prozent) und Frauen (48,6 Prozent) zeigen sich gleichsam verwirrt.

Wir wollen Ihnen die Sache dagegen so leicht wie möglich machen. Denn selbst wenn wenige Hochleistungssportler mit einem perfekt ausgeklügelten Ernährungsplan das Letzte aus ihrem Körper herauszukitzeln versuchen, ist für Breitensportler eine normale, ausgewogene Kost vollkommen ausreichend. Um sich gesund zu ernähren, müssen Sie sich nur an einige einfache Grundregeln halten. Am schnellsten kommen Sie dabei auf den Geschmack, wenn Sie sich möglichst abwechslungsreich ernähren. Schließlich gibt es kein Nahrungsmittel, das sämtliche für den Organismus notwendigen Inhaltsstoffe enthält – und erst recht nicht in der optimalen Dosierung. Die Deutsche Gesellschaft für Ernährung (DGE) rät, die tägliche Kalorienzufuhr wie folgt zu verteilen:

> ▶ 55 bis 60 Prozent Kohlenhydrate
> ▶ 25 bis 30 Prozent Fett
> ▶ 10 bis 15 Prozent Eiweiß

Das wird allerdings niemand täglich ausrechnen. Die Umsetzung der Empfehlungen gelingt Ihnen am einfachsten, wenn Sie sich an die folgenden Faustregeln halten:

> ▶ Essen Sie täglich 400 Gramm Gemüse und 250 Gramm Obst.
> ▶ Die Lebensmittel, die Sie verzehren, sollten etwa viermal so viele Kohlenhydrate wie Fett enthalten.
> ▶ Verteilen Sie die Nahrungsaufnahme über den ganzen Tag in kleine Portionen. Fünf Mahlzeiten täglich sind optimal.

Aufgrund der größeren Muskelmasse ist der Grundumsatz bei Männern rund zehn Prozent höher als bei Frauen.

Der Grundumsatz

Wie viele Kalorien Ihnen pro Tag zustehen, hängt vor allem von Ihrem Grundumsatz ab und davon, welcher Tätigkeit Sie nachgehen. Der Grundumsatz beschreibt die Energie, die Ihr Körper benötigt, um die lebenswichtigen Grundfunktionen, z.B. Herzschlag und Atmung, aufrecht zu erhalten. Sie berechnen ihn mit folgender Formel:

Grundumsatz = Gewicht in Kilogramm mal 24

Ausschlaggebend für den tatsächlichen Kalorienverbrauch ist allerdings, wie aktiv Sie im Alltag sind. Denn natürlich hat ein Maurer einen höheren Energieverbrauch als ein Schreibtischtäter. Zur Orientierung berechnen Sie Ihren Gesamtbedarf mit Hilfe dieser Formel und der Tabelle unten:

Gesamtbedarf = Grundumsatz mal Aktivitätslevel

Natürlich wird Ihr Tagesablauf und damit auch Ihr Aktivitätslevel gemischt sein. Der jeweilige in der Tabelle angegebene Level stellt bereits einen Durchschnittswert dar.

Ihr Aktivitätslevel

Bei welchem Aktivitätslevel Sie sich einstufen, können Sie der folgenden Tabelle entnehmen:

Tätigkeit	Aktivitätslevel
Schlafen	1,0
Sitzen oder Liegen ohne Tätigkeit	1,2
Tätigkeit im Sitzen	1,4
Tätigkeit im Sitzen mit wenig Bewegung	1,6
Tätigkeit im Stehen oder Gehen	1,8
Körperlich anstrengende Tätigkeit	2,2

Der Gesamtbedarf ist die Kalorienmenge, die Sie pro Tag für eine ausgewogene Energiebilanz zu sich nehmen dürfen. Wollen Sie abnehmen, haben Sie zwei Möglichkeiten: Entweder sparen Sie beim Essen, oder Sie erhöhen Ihren Gesamtumsatz – beispielsweise durch eine tägliche Laufeinheit.

Das Wichtigste – Ausgewogenheit

Bei der Zusammensetzung von Lebensmitteln unterscheidet man zwischen Makro- und Mikronährstoffen. Makronährstoffe sind Kohlenhydrate, Fett und Eiweiß. Sie liefern die Bausteine, die der Körper zur Erhaltung seiner Struktur benötigt, und die Energie, die der Motor Mensch zur Verbrennung braucht. Mit der Nahrung füllen wir die Depots wieder auf, die im Alltag und bei sportlicher Betätigung geleert werden. Dabei haben die verschiedenen Nährstoffe unterschiedliche Brennwerte:

> **Fett** 9 Kilokalorien pro Gramm
>
> **Kohlenhydrate** 4 Kilokalorien pro Gramm
>
> **Eiweiß** 4 Kilokalorien pro Gramm

Obwohl im Fett mehr Energie steckt, ist es für den Organismus bei körperlicher Aktivität günstiger, Kohlenhydrate zu verbrennen, da bei diesem Prozess weniger Sauerstoff verbraucht wird. So gewinnt der Körper aus einem Liter Sauerstoff bei der Kohlenhydratverbrennung 5,1 Kalorien und bei der Fettverbrennung nur 4,7 Kalorien.

Zu den Mikronährstoffen zählen Vitamine, Mineralstoffe und Spurenelemente. Diese liefern zwar keine Energie, sind aber dringend notwendig, damit der Motor nicht ins Stottern kommt. Sie ermöglichen und/oder beschleunigen biochemische Prozesse.

Stärke wird langsam und kontinuierlich verdaut; dabei wird die Glukose nur nach und nach an das Blut abgegeben. So bleiben Sie länger leistungsfähig.

Starke Stärke

Kohlenhydrate sind der wichtigste Energielieferant für das Gehirn und die Muskeln, da sie sowohl mit (aerob) als auch ohne (anaerob) Sauerstoff ver-

brannt werden können. Dabei sind Kohlenhydrate nichts anderes als verschiedenartige Zucker. Abhängig von der Zahl der Saccharin-(Zucker-)Moleküle unterscheidet man vier Formen:

▶ **Einfachzucker** (Monosaccharide): Traubenzucker (Glukose), Fruchtzucker und Milchzucker

▶ **Zweifachzucker** (Disaccharide): Haushaltszucker aus Zuckerrüben oder -rohr, Malzzucker

▶ **Mehrfachzucker** (Oligosaccharide): Kürzere Kohlenhydratketten mit sieben bis zehn Sacchariden (z. B. Maltodextrin)

▶ **Vielfachzucker** (Polysaccharide): Stärke (etwa aus Getreide und Kartoffeln) sowie Ballaststoffe (z. B. Zellulose und Pektin, die für den Menschen unverdauliche chemische Verbindungen enthalten)

Die Kohlenhydrate werden mit Hilfe von Enzymen bereits im Mund und im Dünndarm in Glukose (Einfachzucker) aufgespalten und in Form von

Nudeln, Reis und Kartoffeln sind die optimale Basis für eine ausgewogene Ernährung – nicht nur für Läufer.

Essen im grünen Bereich

Nahrungsmittel	Glykämischer Index
Maltose (Malzzucker)	110
Glukose (Traubenzucker)	100
Weiße Rüben	97
Karotten	92
Honig	87
Vollweizenbrot	72
Kartoffeln	70
Weizenflocken	67
Müsli	66
Naturreis	66
Rosinen	64
Bananen	62
Saccharose (Haushaltszucker)	59
Kleie	51
Haferflocken	49
Weintrauben	45
Roggen-Vollkornbrot	42
Vollkornnudeln	42
Orangen	40
Bohnen	40
Äpfel	39
Joghurt	36
Birnen	34
Erbsen	33

Quelle: aid Infodienst

Glykogen in der Leber und in den Muskeln gespeichert. Da der Körper das Glykogen bei sportlicher Betätigung zur Energiegewinnung nutzt, muss das Depot danach über die Nahrung wieder aufgefüllt werden. Durch eine besonders kohlenhydratreiche Kost lässt sich der Speicher vergrößern – viel besser aber noch durch das geeignete Training.

Um Ihren Stoffwechsel zu entlasten (z.B. die Produktion von Insulin in der Bauchspeicheldrüse), sollten Sie hauptsächlich komplexe Kohlenhydrate zu sich nehmen. Ein Stück Traubenzucker sorgt zwar dafür, dass der Blutzuckerspiegel steil nach oben schießt, allerdings fällt dieser anschließend genauso schnell wieder ab. Haushaltszucker, Honig und Marmelade sind so genannte leere Kalorien mit wenig Vitaminen und Mineralstoffen.

Klasse statt Masse

Die Auswirkungen von Kohlenhydraten auf den Blutzuckerspiegel beschreibt der so genannte glykämische Index. Als Referenzwert gilt dabei die Glukose mit einem glykämischen Index von 100. Ein hoher Index sorgt für einen schnellen Anstieg – und einen schnellen Abfall. Ein niedriger glykämischer Index hebt den Spiegel dagegen nur langsam.

Prinzipiell werden Nahrungsmittel mit niedrigem glykämischen Index empfohlen. Es gibt allerdings auch Ausnahmen: Die Regeneration nach anstrengendem Sport lässt sich beschleunigen, indem Sie direkt danach ein Stück Traubenzucker oder etwas Vergleichbares mit einem hohen glykämischen Index zu sich nehmen. In den darauffolgenden zwei Stunden sollten Sie dann 200 Gramm Kohlenhydrate mit einem mittleren bis hohen glykämischen Index (zwischen 60 und 80) essen.

Keine Last
mit gesundem Ballast

Leben Sie figurbewusst, lohnt es sich, stets ein wenig Ballast an Bord zu haben. Getreide, Hülsenfrüchte, Obst und Gemüse sind die besten Ballaststofflieferanten.

Obwohl Ballaststoffe unverdaulich sind, haben sie eine wichtige Funktion, da sie Mund, Magen und Dünndarm unangetastet passieren, im Dickdarm Flüssigkeit binden und dadurch aufquellen. So sorgen sie für ein länger anhaltendes Sättigungsgefühl. Außerdem sind ballaststoffreiche Lebensmittel, die fast ausschließlich in pflanzlicher Nahrung vorkommen, hervorragende Vitaminlieferanten und eine wichtige Nahrung für die Darmbakterien. Empfohlen wird eine tägliche Aufnahme von 30 Gramm, die Hälfte davon aus Getreide. Damit die Ballaststoffe wirklich aufquellen, müssen Sie natürlich ausreichend trinken – zwei Liter am Tag sind normalerweise ein gutes Maß.

Gesunde Powerpakete

Nahrungsmittel	Ballaststoffe in Gramm
Getreide	
Weizenkorn	11,8 g/100g
Backschrot	11,6 g/100g
Roggenkorn	11,0 g/100g
Mehl Type 405	4,0 g/100g
Mehl Type 1150	8,0 g/100g
Obst	
Himbeeren	4,7 g/100g
Johannisbeeren	4 g/100g
Stachelbeeren	2,4–4,4 g/100g
Birnen	2,8 g/100g
Erdbeeren	2,0 g/100g
Gemüse	
Rosenkohl	4,4 g/100g
Weißkohl	3 g/100g
Brokkoli	3 g/100g
Möhren	2,9 g/100g
Blumenkohl	2,9 g/100g
Hülsenfrüchte	
Kidneybohnen	8,3 g/100g
Weiße Bohnen	7,5 g/100g
Grüne Erbsen	5,0 g/100g
Gelbe Erbsen	4,9 g/100g
Kichererbsen	4,4 g/100g

Quelle: aid Infodienst

Fit mit Fett

Für viele gilt Fett als der natürliche Feind einer gesunden Ernährung. Dabei sind Fette unerlässlicher Bestandteil einer ausgewogenen Ernährung – genauso wie alle anderen Makronährstoffe. Meist ist nicht das Fett das Problem, sondern die Tatsache, dass wir zu viel davon konsumieren und gleichzeitig zu wenig Kalorien verbrauchen.

Fette sollten angesichts unseres heutigen bewegungsarmen Lebensstils maximal 25 bis 30 Prozent der aufgenommenen Kalorien ausmachen, laut Deutscher Gesellschaft für Ernährung (DGE) sind es in Deutschland jedoch tatsächlich etwa 36 Prozent. Das bleibt nicht ohne Folgen, denn eine fettreiche Ernährung bei zu wenig Bewegung wird zum Risikofaktor für viele Zivilisationskrankheiten und fördert u.a. Bluthochdruck, Herzinfarkt, arterielle Durchblutungsstörungen, Schlaganfälle, Darmkrebs und andere Beschwerden. Alle so genannten Neutralfette bestehen aus einer Verbindung von Fettsäuren

> Fette sind vorzügliche Energielieferanten, auf die der Körper beispielsweise in der Regeneration nach körperlicher Aktivität zurückgreift. Außerdem sind Sie für die Aufnahme der fettlöslichen Vitamine A, D, E und K unerlässlich.

Lassen Sie es knacken

Lange Zeit waren Nüsse als Dickmacher verschrien, da sie sehr viel Fett enthalten. Jedoch verfügen sie auch über eine hohe Nahrungsdichte mit vielen Mineralstoffen, Vitaminen sowie einem hohen Anteil an einfach und mehrfach ungesättigten Fettsäuren. Daher gelten sie inzwischen nicht nur als Gehirn- und Nervennahrung – Nüsse sind auch gut für das Herz-Kreislauf-System und senken den Gesamtcholesterinspiegel. Außerdem beschleunigt die gute Fettsäurenkombination die Regeneration. Wer viele Nüsse isst, sollte allerdings auf andere Süßigkeiten verzichten. Optimal sind täglich 20 bis 30 Gramm (zwei bis drei Esslöffel) – am besten selbst knacken, dann knabbern Sie auch nicht zu viel.

und Glyzerin, wobei die Art der Fettsäuren über Konsistenz und Qualität entscheidet. Man unterscheidet drei Kategorien:

▶ **Gesättigte Fettsäuren** (z. B. in Milch, Eiern, Fleisch, Butter, Kokos- und Palmfett)

▶ **Einfach ungesättigte Fettsäuren** (z. B. Raps- und Olivenöl)

▶ **Mehrfach ungesättigte Fettsäuren** (z. B. Fischöle von Lachs, Makrele und Hering, Raps-, Walnuss- sowie Sojaöl)

Während die gesättigten, meist tierischen Fettsäuren den Cholesterinspiegel erhöhen, senken ungesättigte, pflanzliche Fettsäuren das Cholesterin. Bei einer optimalen Kost sollte auf jede Art der Fettsäuren ungefähr ein Drittel der Gesamtaufnahme entfallen. Besonderen Wert sollten Sie auf mehrfach ungesättigte Fettsäuren legen, da der Körper diese nicht selbst herstellen kann.

Fett ohne Reue

Mit ein paar Tricks ist es ganz einfach, den individuellen Fettkonsum einzuschränken und den gesunden Fettsäuren den Vorzug zu geben – und zwar ohne dass Ihnen dabei der Appetit vergeht:

Bevorzugen Sie pflanzliche Fette, da sie cholesterinfrei und mit mehr ungesättigten Fettsäuren ausgestattet sind. Zudem gilt: Je flüssiger das Fett, desto mehr ungesättigte Fettsäuren sind enthalten.

Käse für Kenner

Käse ist köstlich und zu Recht beliebt. Allerdings ist er oft auch eine heimliche Fettfalle, da auf der Verpackung meist nur der Fettgehalt in der Trockenmasse (Fett i.Tr.) angegeben ist, also ohne das enthaltene Wasser. Den absoluten Fettgehalt berechnen Sie je nach Konsistenz des Käses:

▶ **Frischkäse** Fettgehalt in Trockenmasse geteilt durch drei
▶ **Weichkäse** Fettgehalt in Trockenmasse geteilt durch zwei
▶ **Hartkäse** Fettgehalt in Trockenmasse geteilt durch drei, dann multipliziert mit zwei

Quelle: Bundesministerium für Verbraucherschutz

▶ Verwenden Sie zum Braten Raps- oder Sojaöl.

▶ Für den Salat eignen sich Walnuss-, Traubenkern-, Distel- und Olivenöl, da diese besonders aromatisch sind.

▶ Zum Kochen sollten Sie statt Sahne lieber Milch nehmen, die Sie mit Speisestärke andicken.

▶ Saucen können Sie auch hervorragend mit püriertem Gemüse binden.

▶ Wählen Sie zum Frittieren ein Erdnussöl, da dieses besonders hitzebeständig ist.

▶ Lagern Sie Öle dunkel und nicht zu warm, und kaufen Sie stets nur kleine Portionen. Sonst wird es schnell ranzig.

> Leiden Sie unter einer Laktoseintoleranz (Überempfindlichkeit gegen Milchzucker), können also Milchprodukte nur schwer verdauen, sind Sojamilch und Ziegenkäse eine sehr gute Alternative.

Power durch Proteine

Eiweiß (Protein) ist für den Aufbau aller Körperstrukturen (beispielsweise Zellen, Knochen und Bindegewebe) notwendig und beschleunigt die Regeneration nach einer sportlichen Belastung. Proteine bestehen aus unterschiedlichen Aminosäuren, die der Körper zum Teil nicht selbst bilden kann und die daher mit der Nahrung aufgenommen werden müssen. Dafür wird eine tägliche Eiweißaufnahme von etwa 0,8 bis 1,5 Gramm pro Kilogramm Körpergewicht veranschlagt. Auch wenn täglich mehr als 90 Minuten Ausdauersport eine leicht erhöhte Zufuhr erfordern, wird dieser Mehrbedarf bereits durch die normale Kost abgedeckt.

Bei den Proteinen geht es vor allem um die Qualität der aufgenommenen Nahrung. Empfehlenswert ist ein Protein-Mix, der zu zwei Dritteln aus pflanzlichen und zu einem Drittel aus tierischen Proteinen besteht – die Realität ist derzeit allerdings genau umgekehrt.

Gesunde Mischkultur

Durch die Kombination aus pflanzlichen und tierischen Eiweißen steigt deren so genannte biologische Wertigkeit. Diese gibt an, wie viel Gramm Körpereiweiß durch 100 Gramm Nahrungsprotein aufgebaut werden können. Als

Günstige Eiweißkombinationen

Gemisch	Verhältnis	Biologische Wertigkeit
Vollei & Kartoffel	35:65	137
Vollei & Milch	71:29	122
Vollei & Weizen	68:32	118
Milch & Weizen	75:25	105
Bohnen & Mais	52:48	101

Quelle: DGK

Bezug gilt dabei das Vollei (Eiweiß eines Hühnereis) mit einer biologischen Wertigkeit von 100. Die Wertigkeit ist umso höher, je mehr die Zusammensetzung der aufgenommenen Proteine dem des Körpereiweißes ähnelt. Besonders sinnvolle Kombinationen sind die in der obigen Tabelle angegebenen; die Aufnahme der einzelnen Nahrungsmittel muss nicht gleichzeitig erfolgen, sondern kann über einen Zeitraum von bis zu vier Stunden verteilt werden.

Vital mit Vitaminen

Vitamine und Mineralstoffe liefern zwar keine Kalorien, sind aber für viele biochemische Prozesse notwendig, z.B. für die Energiegewinnung und das Immunsystem. Die Deutsche Gesellschaft für Ernährung empfiehlt die Mengen, die Sie in der Tabelle auf Seite 106f. finden.

Das Salz des Lebens

Mineralstoffe sind für die Zellfunktion unerlässlich. Im menschlichen Körper kommen sie als Elektrolyte vor, also als positiv (Kationen, z.B. Natrium, Kalium, Kalzium, Magnesium) und negativ (Anionen, z.B. Chlorid, Phosphat,

Mit einer ausgewogenen Mischkost decken Sie den Tagesbedarf an Vitaminen und Mineralien voll ab, zusätzliche Vitaminpräparate sind dann nicht notwendig. Lediglich Folsäure, Selen und in manchen Regionen auch Jod gelten in Deutschland derzeit als Mangelnährstoffe.

Vitamine und Mineralstoffe

	Täglicher Bedarf		Enthalten in
	Männer	**Frauen**	
Vitamine			
A	1,0 mg	0,8 mg	Gemüse, Milch, Milchprodukte, Fisch
B1	1,2 mg	1,0 mg	Vollkornprodukte, Hülsenfrüchte, Schweinefleisch, Kartoffeln, Bierhefe
B2	1,4 mg	1,2 mg	Milch, Milchprodukte, Fisch, Innereien, Schweinefleisch, Vollkornprodukte
B6	1,5 mg	1,2 mg	Vollkornprodukte, Fleisch, Feldsalat, Gemüse, Hülsenfrüchte
B12	3 µg	3 µg	Leber, Fleisch, Seelachs, Milch, Käse, Eier, Sauerkraut
Beta-Karotin	2–4 mg	2–4 mg	Spinat, Grünkohl, Bohnen, Tomaten, Karotten, Aprikosen, Paprika, Melone
Biotin	30–60 µg	30–60 µg	Milch, Innereien, Sojabohnen, Eigelb, Nüsse, Haferflocken
C	100 mg	100 mg	Hagebutten, Sanddorn, Schwarze Johannisbeeren, Zitrusfrüchte, Tomaten, Paprika
D	5 µg	5 µg	Leber, Eigelb, Champignons, fetter Fisch (Hering, Thunfisch, Lachs, Makrele)
E	14 mg	12 mg	Pflanzliche Öle/Fette, Erbsen, Grünkohl, Haferflocken, Salate, Ei, Leber, Milch
Folsäure	400 µg	400 µg	Vollkornprodukte, Kohl, Sojabohnen, Weizenkeime, Fleisch, Leber
Niazin	16 mg	13 mg	Vollkornprodukte, Gemüse, Hülsenfrüchte, Fleisch, Innereien, Seefisch, Eier
Pantothensäure	6 mg	6 mg	Fleisch, Leber, Fisch, Vollkornprodukte, Milch, Eigelb, Hülsenfrüchte, Wildreis

Vitamine und Mineralstoffe

| | Täglicher Bedarf | | Enthalten in |
	Männer	Frauen	
Mineralstoffe			
Eisen	10 mg	15 mg	Milch, Milchprodukte, Fleisch, Innereien, Hirse, Spinat, Hülsenfrüchte, Nüsse
Jod	200 µg	200 µg	Fisch, Meeresfrüchte, jodiertes Speisesalz
Kalium	2 g	2 g	Hülsenfrüchte, Trockenfrüchte, Tomaten, Kartoffeln, Reis, Gemüse- und Obstsäfte
Kalzium	1000 mg	1000 mg	Milch, Milchprodukte, Mineralwasser, Grüngemüse (Mangold, Grünkohl)
Magnesium	350 mg	300 mg	Vollkornprodukte, Nüsse, Fleisch, Kartoffeln, Mineralwasser, Gemüse
Zink	10 mg	7 mg	Fleisch, Innereien, Fisch, Eier, Milch, Käse, Spinat, Vollkornprodukte, Nüsse

Quelle: DGE

Hydrogenkarbonat) gelöste, elektrisch geladene Teilchen. Massive Mineralstoffverluste beeinträchtigen den Körper erheblich.

Natrium (Kochsalz) und Kalium (in sehr vielen Nahrungsmitteln enthalten, so etwa in Gemüse, Obst und Getreide) lassen sich leicht ersetzen. Natrium geht durch den Schweiß am stärksten verloren (ein bis drei Gramm pro Liter Schweiß), deshalb muss es gegebenenfalls schon während der sportlichen Belastung ersetzt werden. Auch bei Kalzium ist die Versorgung bei jüngeren Menschen meist gut (Milch, Käse). Bei älteren Menschen kann es durch einen Kalziummangel dagegen zu Osteoporose kommen – der man wiederum am besten mit Bewegung entgegenwirken kann.

Magnesium kann auch beim gut trainierten Sportler gelegentlich zum Problem werden. Da es im menschlichen Körper in der Zelle vorkommt, ist es

Nachgefragt bei Prof. Dr. Wessinghage

Was versteht man eigentlich unter Carbo-Loading?

Vor einem Wettkampf versuchen Profis durch Carbo-Loading ihren Kohlenhydratspeicher bis an das oberste Limit aufzufüllen. Dazu müssen die Depots erst vollkommen entleert werden, beispielsweise durch eine lange Trainingseinheit. Anschließend sollen sie mit einer besonders kohlenhydratreichen Ernährung bis über die Grenzen hinaus wieder aufgefüllt werden. Dieses Carbo-Loading in seiner extremen Form hat sich nicht bewährt – die Pasta-Partys bei großen Laufveranstaltungen sind hingegen als Relikt erhalten geblieben.

> Während des Trainings brauchen Sie unter normalen Witterungsbedingungen nur dann zu trinken, wenn Sie länger als 60 Minuten joggen.

schwierig, den Magnesiumspiegel zu messen (die einfache Blutuntersuchung beim Hausarzt reicht nicht); zudem ist der Weg, den das Magnesium im Körper bis zu seinem Zielort zurücklegen muss, relativ beschwerlich. Es muss daher über einen längeren Zeitraum (z.B. acht Wochen) eingenommen werden, will man einem Defizit mit Sicherheit vorbeugen.

Ein kritisches Spurenelement im menschlichen Körper ist das Eisen. Vor allem bei Frauen (Regelblutung) kann es zu Defiziten kommen, die durch das Laufen noch verstärkt werden. Daher sollten Sie ab und zu die Eisenwerte im Blut bestimmen lassen. Das gilt übrigens auch für Männer, selbst wenn die Gefahr eines Eisenmangels bei ihnen statistisch geringer ist.

Na dann – prost!

Der Mensch hat nah am Wasser gebaut – rund 50 Prozent unseres Körpers bestehen aus Wasser, und bereits ein Flüssigkeitsverlust von zwei bis fünf Prozent verringert die Leistungsfähigkeit spürbar. Selbst ohne eine zusätzliche

Belastung durch den Sport sollten Sie daher pro Tag rund 2,5 Liter Flüssigkeit zu sich nehmen – etwa 1,5 Liter in Form von Wasser, den Rest können Sie über die Nahrung abdecken.

Je nach Belastungsintensität und Witterungsbedingungen verlieren Sie beim Laufen zwischen 0,5 und 1,5 Liter Flüssigkeit pro Stunde. Daher greifen Sie am besten schon etwa eine halbe bis eine Stunde vor dem Training zur Flasche und trinken rund einen halben Liter. Und natürlich sollten Sie nach dem Training Ihren Durst rasch löschen. Am besten dafür geeignet sind magnesium- und natriumreiches Mineralwasser oder eine Apfelschorle im Mischverhältnis von 2:1 (Wasser zu Saft) oder maximal 1:1.

Ein Kohlenhydratanteil von mehr als 80 Gramm pro Liter (stark gesüßtes Getränk) verschlechtert die Aufnahme des Getränks im Körper. Am effektivsten sind ein Kohlenhydratanteil zwischen 30 und 50 Gramm und ein Natriumgehalt von 450 Milligramm pro Liter.

Joggen Sie länger als 60 Minuten, sollten Sie in kleinen Schlucken trinken, etwa alle 15 bis 20 Minuten rund 0,1 bis 0,2 Liter. An sehr heißen Tagen kann es natürlich ratsam sein, auch bei einer kürzeren Belastung ein wenig »nachzutanken«.

Für Wasser unterwegs gibt es inzwischen zahlreiche praktische Gurtkonstruktionen.

Isoton oder nicht –
das ist hier die Frage

Wie schnell dem Körper die aufgenommene Flüssigkeit zur Verfügung steht, hängt vor allem von der Zusammensetzung des jeweiligen Getränks ab. Isoton lautet dabei die Zauberformel, mit der Hersteller von Sportgetränken werben und die belegen soll, dass die Konzentration der im Getränk gelösten Teilchen ähnlich ist wie die im Blut.

Was natürlich ein Denkfehler ist. Denn es gilt ja nicht das Blut zu ersetzen, sondern den Schweiß. Und der ist zumindest bei trainierten Läufern hypoton. Das bedeutet, er enthält weniger gelöste Teilchen und mehr Wasser. Der Körper versteht es, die wichtigen Inhaltsstoffe zu speichern und sich darauf zu beschränken, die Verdunstungskälte zur Temperaturregulation zu nutzen. Insofern sollten Ihre Sportgetränke, die Sie während der Belastung konsumieren, hypoton sein.

Hypoton, isoton und hyperton

Generell lassen sich Getränke in drei verschiedene Klassen einteilen:

▶ **Hypotone Getränke** haben eine geringere Kohlenhydrat- und Elektrolytkonzentration als das Blut. Das am stärksten hypotone Getränk ist reines Wasser. Hypotone Sportgetränke haben eine ähnliche Zusammensetzung wie der menschliche Schweiß, können relativ schnell aufgenommen werden und sind das ideale Getränk für den längeren Wettkampf (z.B. Marathon, Ironman, Tennisturnier). Gegenüber Wasser

Für das tägliche Lauftraining bieten sich vor allem isotone Getränke sehr gut an. Sie können schnell vom Darm aufgenommen werden.

haben hypotone Sportgetränke den Vorteil, den Körper auch mit Mineralstoffen zu versorgen. Achten Sie darauf, dass etwas Natrium (Kochsalz) im Getränk enthalten ist, da dies beim Sport am stärksten verloren geht. Auf Magnesium hingegen können Sie während der Belastung getrost verzichten.

▶ **Isotone Getränke** haben die gleiche Konzentration an Kohlenhydraten und Elektrolyten (Mineralstoffen) wie das Blut. Ist die Flüssigkeit nicht zu kalt – optimal ist eine Trinktemperatur zwischen 12 und 20 °C –, kann sie im Darm schnell aufgenommen werden. Fazit: Isotone Getränke sind für das tägliche Trinken geeignet, als Trainings- bzw. Wettkampfgetränk bieten sie sich hingegen nicht an.

▶ **Hypertone Getränke** sind reich an Kohlenhydraten und Nährstoffen. Sie schmecken (meist) gut, machen aber Durst und sind daher für den Sport absolut ungeeignet.

Welches Wasser ist das beste?

Bei dem folgenden Mineralwasservergleich ist die Resorptionsquote nicht berücksichtigt worden.

	Kalzium (mg/l)	Magnesium (mg/l)	Kalzium-Magnesium-Verhältnis
Apollinaris	94	115	0,8:1
Gerolsteiner	364	112	3,2:1
Hassia	209	38	5,5:1
Heppinger	116	165	0,7:1
Rosbacher Mineralwasser	209	93	2,2:1
Rosbacher Ur-Quelle	262	131	2,0:1
Selters (Lahn)	156	42	3,7:1
Vittel	202	36	5,6:1
Volvic	10	6	1,7:1

Quelle: Institut für Sporternährung

Das Einfachste
ist manchmal auch
das Beste: Wasser
ist nach wie vor
Sportgetränk
Nummer eins.

Wie wär's mit – Wasser?

Obwohl immer neue Sportgetränke mit unglaublich ausgeklügelten Rezeptu-
ren auf den Markt kommen, ist nach wie vor das Mineralwasser der Durst-
löscher Nummer eins. Zu Recht, denn im Gegensatz zu den speziellen Sport-
Drinks ist es kalorienfrei und enthält, wie der Name schon sagt, nicht nur
Wasser, sondern auch Mineralstoffe. Welche genau, hängt von der jeweiligen
Quelle ab (siehe dazu auch Tabelle auf S. 111).

Für Läufer lohnt sich ein Blick auf die Inhaltsstoffe, denn mit dem Schweiß
verliert der Körper beim Sport auch Mineralien. So enthält ein Liter Schweiß
im Durchschnitt 40 Milligramm Kalzium und 20 Milligramm Magnesium.
Die gilt es spätestens nach dem Training wieder aufzutanken, denn ein Mangel

an diesen Nährstoffen kann zu der gefürchteten Knochenerkrankung Osteoporose (bei Kalziummangel) sowie zu Krämpfen (bei Magnesiummangel) führen. Da Kalzium und Magnesium im Schweiß in einem Verhältnis von 2:1 enthalten sind, ist für Läufer ein Mineralwasser mit einem Kalzium-Magnesium-Verhältnis von ebenfalls 2:1 ideal, da es vom Körper am besten verwertet werden kann.

Das klingt recht einfach – ist es aber nicht. Denn leider hängt die Resorptionsquote des Kations (Natrium, Kalzium, Magnesium) sehr stark vom jeweiligen Anion ab (siehe dazu auch S. 105ff.). Oxide beispielsweise sind für den Körper fast nicht verwertbar, ebenso wie Karbonate und die meisten anderen anorganischen Verbindungen. Eine sehr viel bessere Aufnahme im Darm gewährleisten dagegen organische Salze, beispielsweise Zitrat, Aspartat und Orotat.

Von Osteoporose sind vor allem Frauen nach den Wechseljahren betroffen. Vorbeugen können Sie durch eine kalziumreiche Ernährung sowie durch ausreichend Bewegung.

Fünf fitte Fakten

1. Für Sportler ist eine abwechslungsreiche Basiskost geeignet. Spezielle Nahrungsergänzungen sind (ohne Nachweis eines Defizits) nicht erforderlich.

2. Die Nahrung sollte kohlenhydratreich sein und genügend Ballaststoffe enthalten.

3. Fette gehören genauso wie alle anderen Makro- und Mikronährstoffe zu einer gesunden Ernährung. Achten Sie allerdings auf die richtigen Fette.

4. Eiweiß ist der Baustoff unseres Körpers. Gewisse Eiweißkombinationen zeichnen sich durch eine hohe biologische Wertigkeit aus.

5. Selbst an trainingsfreien Tagen sind rund zwei Liter Wasser notwendig, um den Körper auf Trab zu halten. Wer viel schwitzt, braucht mehr.

Laufen –
mehr als **Joggen**

Zu einem runden
Laufprogramm
gehören ein regel-
mäßiges Stretching
sowie Kräftigungs-
übungen einfach
dazu. So stärken Sie
Muskeln, Sehnen
und Gelenke und
bleiben beim Laufen
nicht auf der
Strecke.

Stretching – einfach unerlässlich

Schaffen Sie mit Hilfe dieses Buches den erfolgreichen Einstieg ins Laufen, wird sich Ihr Leben in Zukunft trotzdem nicht nur um das Laufen drehen. Denn unseren normalen Tagesablauf bestimmen in aller Regel die beruflichen und familiären Beanspruchungen. Morgens aufstehen, ein schnelles Frühstück und ab ins Büro. Dort sitzen wir stundenlang am Schreibtisch, gehen Akten durch oder starren auf den Computer-Bildschirm. Doch obwohl Sie das wahrscheinlich bereits seit Jahren so machen, hat sich Ihr Körper damit keineswegs abgefunden.

Entwicklungsgeschichtlich befinden wir uns noch immer auf dem Stand unserer Urahnen: Wir haben nach wie vor die besten Voraussetzungen für ein Leben als Jäger, Sammler und Nomaden. Doch die Lieblingsbeschäftigung des modernen Menschen ist zweifellos das Sitzen. Dadurch verkümmert unser Organismus: Herz-Kreislauf-System und Stoffwechsel, Gelenke und Muskeln. Letzteren drohen Schwächung und Verkürzung. Somit sind Rücken- und Gelenkprobleme durch unsere Lebensweise bereits vorprogrammiert. Die Tatsache, dass Störungen des Bewegungsapparates die Statistiken hinsichtlich Arbeitsunfähigkeitszeiten anführen, überrascht also nicht – schon eher, dass an zweiter Stelle nicht etwa Halsentzündungen und grippale Infekte, sondern psychosomatische Beschwerden folgen.

Im Jahr 2000 gaben 47 Prozent von insgesamt 21 500 befragten Arbeitnehmern in allen EU-Staaten an, schmerzhafte Haltungsprobleme an der Wirbelsäule zu verspüren. 1990 waren es noch 43 Prozent gewesen.

Verletzungen vermeiden

Anpassungen des Körpers unterliegen trainingsmethodischen Gesetzmäßigkeiten. Insofern verwundert es nicht, dass man den desolaten Zustand des Bewegungsapparates nicht dadurch verbessert, wenn man zwei- bis dreimal pro Woche für 45 Minuten die Laufschuhe schnürt. Auch hier stehen leider noch zu wenig positive zu vielen negativen Reizen des sitzenden Alltagslebens gegenüber.

Zudem ist Laufen kein Muskeltraining par excellence. Zwar werden die Muskeln fester und können auch an Masse zulegen, doch ein spezifisches Muskelaufbautraining sieht anders aus. Es umfasst:

▶ Kräftigen
▶ Dehnen
▶ Ausgleichssport
▶ Entspannung

Dabei ist es vollkommen unerheblich, ob Sie Gesundheitssportler oder ambitionierter Athlet sind. Für Erstere sind diese zusätzlichen Übungen das Finish, das Sie neben dem Lauftraining benötigen, um in eine verletzungsfreie Zukunft zu blicken. Für die anderen sind sie der letzte Feinschliff, der es Ihnen ermöglicht, Ihre Bestzeiten zu steigern.

Statisches Dehnen

Das statische Dehnen (Stretching) gehört seit vielen Jahren zum Standard-Repertoire fast aller Top-Athleten weltweit und hat sich auch bei Freizeitsportlern durchgesetzt. Daran ändern auch einige Diskussionen nichts, die oft unter falschen Voraussetzungen angezettelt wurden:

▶ Macht Stretching die Muskeln länger? Nein, warum sollte es? Würden wir unsere Muskeln (und Sehnen) buchstäblich in die Länge ziehen können, würden sie an Armen, Beinen und Rumpf herumschlabbern und natürlich nicht mehr in der Lage sein, unsere Gelenke durch Anspannung zu bewegen.

▶ Verhindert Stretching Verletzungen, wenn ich vor dem Laufen dehne? Nein, denn Stretching ist eine die Regeneration fördernde Maßnahme. Das bedeutet, dass zunächst eine Belastung erfolgt sein muss.

▶ Schützt Stretching vor Muskelkater? Nein, denn Muskelkater ist der laienhafte Begriff für winzige Verletzungen der Muskulatur, die durch exzentrische Belastungen entstehen. Stretching ist kein Allheilmittel, das man einsetzt, um danach ungestraft alles Mögliche mit der Muskulatur anstellen zu können – ohne Folgen und Nachteile.

Kaum eine andere Trainingsmaßnahme hat sich so sehr bewährt und nachhaltig durchgesetzt wie das Stretching.

Was passiert beim Stretching?

Bei einer Belastung erhöht sich die Leistungsfähigkeit der Muskulatur, wenn ihre Grundspannung steigt. Das wissen Athleten; der Zuschauer kann bei Kraft- und Schnellkraftsportarten (Sprint, Gewichtheben usw.) gut beobachten, wie die Sportler vor dem Wettkampf die Muskelspannung erhöhen (Sprünge, psychologische Rituale wie Schreien). Durch sanfte, kontinuierliche Dehnung gelingt es nach der Belastung über Rückkopplungsmechanismen in Muskulatur und Sehnen, die Grundspannung der Muskeln wieder zu verringern. Dadurch verbessert sich die lokale Durchblutung, Erholungsprozesse werden unterstützt. Nicht mehr und nicht weniger.

Für den Freizeitsportler gelten dieselben Prinzipien. Jedes Training beginnt mit einer Aufwärmphase, die für den Jogger beispielsweise darin bestehen kann, dass er langsam losläuft und erst nach zehn bis fünfzehn Minuten seine übliche Geschwindigkeit erreicht. Wer allerdings schnelle Bewegungen oder solche mit hohem Widerstand vor sich hat (Sprint; Rückschlagspiele wie Tennis, Badminton; Mannschaftsspiele wie Fußball, Basketball; Krafttraining usw.), sollte ein separates, sanftes Einlaufen vorschalten.

Paarlaufen

Aus eigenem Antrieb kann sich ein Muskel nur zusammenziehen, nicht aber strecken. Aktives Dehnen ist daher Teil einer jeden Bewegung, bei der Muskeln und Muskelgruppen paarweise zusammenarbeiten. Einer beugt, der andere wird gestreckt – und umgekehrt. Dieses Paar heißt Agonist (»Spieler«) und Antagonist (»Gegenspieler«). Durch einseitige Beanspruchung kann sich ein Muskel oder eine Muskelgruppe verkürzen – z. B. die Brustmuskulatur, wenn Sie stets mit einem leichten Buckel vor dem Computer sitzen. Gleichzeitig kann es zu einer Abschwächung der Gegenspieler an der Brustwirbelsäule kommen. Wird das gestörte Verhältnis zum Dauerzustand, entsteht eine muskuläre Dysbalance. Das ausgetüftelte System, mit dem die beiden Muskeln das Gelenk in Position halten, gerät aus dem Gleichgewicht. Auf Dauer kann dann sogar die Beweglichkeit im betroffenen Gelenk sinken.

Dehnen wird erst sinnvoll, wenn der Körper aufgewärmt ist oder seine Belastung schon hinter sich hat. Dann aber sollte ein gezieltes Stretching folgen. Auch am Ende einer Laufeinheit ist der Muskeltonus, die Muskelspannung, erhöht. Wenn Sie die besonders beanspruchten Muskeln dehnen, bereiten Sie schon Ihr nächstes Training vor.

Mit regelmäßigem Stretching in Verbindung mit gezielten Kräftigungsübungen bringen Sie Ihren Bewegungsapparat wieder ins Lot. Dehnen allein ist dabei nicht so effektiv wie die Kombination mit dem Krafttraining. So greifen Sie regulierend in ein sehr komplexes System ein und verhindern Folgeschäden aus einem weiteren Nachteil der modernen Lebensweise: der Einseitigkeit unserer Bewegungen.

Sicheres Stretching

Für Läufer hat sich das passiv-statische Dehnen bewährt, da Sie dazu keinen Partner benötigen und es leicht durchzuführen ist. Aus einer Ausgangsstellung wird der Muskel langsam in die Länge gezogen, bis Sie ein leichtes, nicht schmerzhaftes Ziehen spüren, das nach etwa vier Sekunden deutlich nachlässt. Diese Position halten Sie 10 bis 15 Sekunden, bevor Sie die Dehnung langsam wieder lockern. Jede Übung wiederholen Sie 2- bis 3-mal.

Das dynamische Dehnen mit leichtem Nachfedern und sanft wippenden Bewegungen war lange als Krankmacher-Übung verschrien. Ruckartige Bewegungen führen in der Muskulatur nämlich zu einem Reflex, der diese sich wieder kontrahieren lässt. Wenn Sie die Auf-und-ab-Bewegungen der Muskulatur allerdings mit Bedacht ausführen, besteht keine Gefahr.

Tipps fürs richtige Dehnen

▶ Dehnen Sie nur, wenn die Muskeln aufgewärmt sind. Für das ruhige Ausdauertraining bedeutet das einfach: hinterher.

▶ Atmen Sie beim Dehnen locker weiter. Luft anhalten heißt verkrampfen.

▶ Spannen Sie beim Dehnen den Gegenspieler des gedehnten Muskels an.

▶ Halten Sie die Dehnposition etwa 10 bis 15 Sekunden lang.

▶ Sanfte, langsam wippende Bewegungen sind in Ordnung, nicht aber heftiges Reißen.

▶ Beim Dehnen darf kein Schmerz entstehen, lediglich eine nicht unangenehme Spannung in der Muskulatur.

Was für den in der Natur lebenden Menschen an der Tagesordnung war, gerät für den Zivilisationsmenschen zur Seltenheit: Arbeiten über Kopf, Heben und Tragen von Lasten, ausdauernde Bewegungen, Klettern, Springen und viele andere Beanspruchungen, die Bewegungsgeschick erfordern und fördern.

Die zehn besten Dehnübungen

Es ist für die meisten Läufer ausreichend, diejenigen Muskeln nach jedem (!) Training zu dehnen, bei denen sie schnell ein Spannungsgefühl verspüren und deren Dehnung ihnen ein wenig schwerer fällt. Das ganze Programm sollte aber mindestens einmal pro Woche absolviert werden.

❶ Zwillingswadenmuskel

Stellen Sie sich in Schrittstellung vor eine Wand oder einen Baum. Beugen Sie das vordere Bein, das hintere bleibt gestreckt. Beide Fersen bleiben während der Übung am Boden, die Fußspitzen zeigen nach vorn. Je weiter Sie sich nach vorn lehnen, desto stärker wird die Dehnung.

❷ Schollenmuskel (Wade)

Ausgangsstellung wie vorige Übung. Nun wird der hintere Fuß etwas nach vorn geschoben und das Gesäß leicht nach hinten verlagert. Beugen Sie das hintere Kniegelenk leicht und das hintere obere Sprunggelenk möglichst weit.

❸ Vorderer Schienbeinmuskel

Knien Sie sich hin und senken Sie das Gesäß langsam auf die Fersen ab. Die Fußgelenke sind dabei gestreckt, der Oberkörper bleibt aufrecht. Bei Schmerzen legen Sie ein Kissen oder Handtuch unter die Sprunggelenke oder das Gesäß.

❹ Hinterer Oberschenkel

Legen Sie sich auf den Rücken und ziehen Sie ein Bein bei gestrecktem Kniegelenk in die Senkrechte. Das nicht gedehnte Bein bleibt mit gestrecktem Kniegelenk flach auf dem Boden liegen.

❺ Vorderer Oberschenkel

Strecken Sie zunächst die Hüfte, d.h., das Spielbein wird nach hinten bewegt. Beugen Sie dann das hintere Knie, umfassen Sie das Sprunggelenk und ziehen Sie die Ferse zum Gesäß. Das gebeugte Bein zeigt dabei schräg nach hinten, Gesäß und Bauch sind angespannt. Bei Balance-Problemen können Sie sich an einem Baum oder an einer Hauswand festhalten.

⑥ Hüftbeuger

Machen Sie einen Ausfallschritt. Knien Sie sich auf ein Bein und setzen Sie das andere weit vorn auf, sodass das vordere Knie um maximal 90 Grad angewinkelt ist. Schieben Sie nun das Becken langsam in Richtung Boden. Der Oberkörper bleibt aufrecht. Schmerzt dabei das hintere Knie, legen Sie ein Handtuch darunter.

⑦ Seitliche Gesäßmuskulatur

Setzen Sie sich hin, die Beine sind gestreckt, der Körper ist aufrecht. Winkeln Sie nun ein Bein an und stellen Sie den Fuß auf die äußere Seite neben das andere Knie. Drücken Sie mit dem gegenüberliegenden Ellenbogen das gebeugte Knie in Richtung Körper, bis Sie einen leichten Zug in der seitlichen Gesäßmuskulatur spüren.

⑧ Adduktoren

Machen Sie einen seitlichen Ausfallschritt (Grätschstellung) und beugen Sie ein Kniegelenk. Beide Füße zeigen nach vorn und stehen fest auf dem Boden.

Verlagern Sie nun das Körpergewicht zur Seite des gestreckten Kniegelenks hin; in diesem Bein werden Sie eine Spannung an der Innenseite des Oberschenkels spüren. Halten Sie die Dehnung für etwa 15 Sekunden und wechseln Sie anschließend die Seite.

⑨ Großer Brustmuskel

Haken Sie den bis in die Waagerechte angehobenen Oberarm hinter einen Pfahl oder Baum. Der Ellenbogen ist etwa rechtwinklig gebeugt. Drehen Sie Oberkörper und Kopf langsam vom Arm weg und spannen Sie gleichzeitig die Schulterblattmuskulatur (Gegenspieler) an.

⑩ Hals-Nacken-Muskulatur

Greifen Sie mit einem Arm über den Kopf und ziehen Sie diesen sehr langsam zur Seite in Richtung Schulter. Der andere Arm wird seitlich neben dem Körper nach unten gestreckt, der Handrücken wird dabei nach oben gezogen. Ganz leichte, sanfte Millimeterbewegungen des Kopfes sind bei dieser Übung erwünscht.

Unterstützendes Krafttraining

Neben dem Stretching gehört auch das Krafttraining zum Komplett-Workout. Aber keine Angst: Niemand erwartet, dass Sie riesige Muskelberge anhäufen, die Ihnen beim Laufen nur im Weg sind. Wichtig ist jedoch, dass Sie die Bauch- und Rumpfmuskulatur nicht vernachlässigen. Denn um den Rumpf dreht sich alles. Ist die Kraft in Bauch und Rücken zu gering, nehmen die Belastungen auf Wirbelsäule und Becken zu und Schmerzen können die Folge sein. Nebenbei leidet auch die Leistungsfähigkeit.

Die acht besten Kraftübungen

Die Endposition der folgenden Stabilisationsübungen halten Sie jeweils zwischen 10 und 60 Sekunden. Bei den dynamischen Übungen absolvieren Sie jeweils 10 bis 40 Wiederholungen. Mit einer kurzen Pause dazwischen sind drei Durchgänge optimal. Schaffen Sie am Anfang nur einen oder zwei Durchgänge – kein Problem. Sie werden schnell Fortschritte machen. Auf jeden Fall gilt

auch hier, dass der Anfang vorsichtig und zurückhaltend erfolgen sollte. Sonst ist Muskelkater fast unvermeidlich – und der muss nun wirklich nicht sein.

❶ Gerade Bauchmuskulatur

Rückenlage, die Beine sind im Hüft- und Kniegelenk jeweils 90 Grad angewinkelt, die Arme liegen neben dem Körper. Die Lendenwirbelsäule bleibt auf dem Boden, während Sie Oberkörper und Kopf leicht anheben, bis sich der Schultergürtel von Boden löst. Die Füße dabei kräftig in den Boden drücken.

❷ Schräge Bauchmuskulatur

Gleiche Ausgangslage wie bei der geraden Bauchmuskulatur. Schieben Sie einen Arm am Bein der gleichen Seite vorbei, während Sie die andere Hand gegen das Knie pressen. Seitenwechsel.

❸ Seitliche Rumpfmuskulatur

Legen Sie sich auf die Seite, der Unterarm liegt vor dem Körper. Drücken Sie sich nun ab, sodass nur noch der Unterarm (oder die Hand) und der äußere Rand des unteren Fußes Bodenkontakt haben. Beine, Hüfte und Oberkörper bilden dabei eine Linie. Seitenwechsel.

Ein großer Vorteil eines wirkungsvollen Kraft-Workouts ist, dass Sie alle wichtigen Muskelgruppen sogar zu Hause kräftigen können. Trainieren Sie einfach mit dem eigenen Körpergewicht.

❹ Hüfte und gerader Rückenstrecker

Legen Sie sich auf den Bauch. Die Hände befinden sich etwa auf Höhe der Ohren. Heben Sie nun gleichzeitig das linke Bein und den rechten Arm vom Boden ab. Seitenwechsel.

❺ Rumpf und Hüftstrecker

Legen Sie sich auf den Bauch. Drücken Sie sich mit beiden Armen nach oben, sodass nur noch die Fußspitzen und die Hände Bodenkontakt haben (wie beim Liegestütz). Oberkörper, Becken und Beine bilden eine Linie. Wer es schafft, hebt zusätzlich ein Bein an, ohne dass der Rumpf sich verdreht.

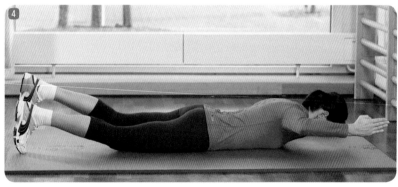

6 Seitliche Gesäßmuskulatur

Legen Sie sich in die stabile Seitenlage, das untere Bein ist in Hüfte und Knie gebeugt. Heben Sie nun das obere Bein gestreckt ab, drehen Sie es so weit wie möglich nach innen und führen Sie es kurz und schnell nach hinten oben und wieder zurück. Seitenwechsel.

7 Innenschenkel und Taille

Legen Sie sich auf die Seite und stützen Sie mit einer Hand den Kopf ab. Heben Sie nun das obere Bein leicht an, spannen Sie die Bauchmuskeln an und stabilisieren Sie den Körper. Heben Sie anschließend das untere Bein ebenfalls

an, bis beide Beine wieder aneinander anliegen. Seitenwechsel.

8 Oberer Rücken und Schultern

Knien Sie sich auf den Boden und setzen Sie sich auf die Fersen. Neigen Sie den Oberkörper um etwa 45 Grad nach vorn und spannen Sie Ihre Rückenmuskeln an (leichtes Hohlkreuz). Strecken Sie einen Arm waagerecht nach vorn und den anderen nach hinten. Beschreiben Sie nun mit beiden Armen einen Halbkreis, bis die Positionen umgekehrt sind.

Der Mix macht's

Neue Reize setzen – das ist das offene Geheimnis eines effektiven Trainings. Das gilt nicht nur für das Laufen, bei dem Sie nach den ersten erfolgreichen Schritten immer wieder einmal die Häufigkeit, den Umfang und die Intensität des Trainings variieren sollten. Auch für Ihre Grundfitness lohnt sich ein häufiger Wechsel der sportlichen Anforderungen. Dafür müssen Sie nicht an jedem trainingsfreien Tag den Tennis-Court oder den Golfplatz stürmen; aber hier und da wirkt eine Stunde Ausgleichssport Wunder – und bringt mehr, als noch einmal die gleiche Runde zu laufen, die Sie schon zigmal hinter sich gebracht haben.

Vielfalt statt Eintönigkeit

Eine andere Sportart bringt Abwechslung in den tristen Trainingsalltag. Können Sie sich einmal nicht zum Joggen aufraffen, ziehen Sie einfach die Inlineskates an oder drehen Sie eine Runde mit dem Fahrrad. Das bringt Abwechslung, und Sie brauchen auch kein schlechtes Gewissen zu haben, wenn Sie mal keine Lust auf eine Joggingeinheit haben.

▶ **Uneingeschränkt zu empfehlen** Für welchen Zweitsport Sie sich entscheiden, bleibt vollkommen Ihnen überlassen. Sie sollten vor allem darauf achten, dass Ihnen die Bewegung Spaß macht. Das Kicken im Park oder die Spinning-Stunde bringt Sie garantiert nicht aus dem Trainingsrhythmus.

▶ **Blitzstart** Gegenüber manchem anderen Sportler haben Sie den entscheidenden Vorteil, dass Sie durch Ihr regelmäßiges Lauftraining eine gute Grundlagenausdauer entwickelt haben. Spezielle Techniken in anspruchsvolleren Sportarten erlernen Sie so viel schneller. Gleichzeitig vergrößern Sie Ihr Bewegungsrepertoire, und von den neu erlernten koordinativen Fähigkeiten profitieren Sie in Zukunft auch beim Laufen.

▶ **Immer fit** Die meisten Verletzungen resultieren aus einseitigen Beanspruchungen und Überlastungen. Wenn das Lauftraining schmerzt, kann die Bike-Tour möglicherweise völlig problemlos durchgezogen werden. Und das schadet nicht – ganz im Gegenteil. So bleiben Sie weiter in Bewegung und trainieren trotz Verletzung Ihr Herz-Kreislauf-System und Ihren Stoffwechsel, stärken Ihre Abwehrkräfte und halten Ihr Körpergewicht.

Gezieltes Fremdgehen in einer anderen Sportart hilft, Verletzungen zu vermeiden. Beim Schwimmen oder Aquajogging bekommen Sehnen und Gelenke eine wohlverdiente Pause und regenerieren schneller.

Mach mal Pause

Nach dem Laufen ist vor dem Laufen. Denn schon am Ende der Belastung beginnt die Regeneration, um fit für das nächste Training zu sein. Ein lockeres Auslaufen, bei dem Sie für fünf Minuten zum Schluss Ihres Trainings das Tempo bewusst verschleppen, leitet schon die Erholung ein. Auch ausreichender Schlaf, die geeignete Ernährung und viel trinken bringen Sie schneller wieder auf die Beine. Und vergessen Sie nicht: Wer viel trainiert, hat sich auch seine Pausen redlich verdient. Gönnen Sie sich also ruhig hin und wieder eine Wellnesseinheit zur passiven Regeneration.

▶ **Sauna** Das Schwitzen in der Sauna fördert die Durchblutung und belebt den Stoffwechsel. Nehmen Sie sich viel Zeit für den Saunagang und die anschließende Entspannung. Dann profitieren nicht nur Ihre Muskeln davon, sondern Sie können auch mal ganz in Ruhe abschalten.

Ein gutes Lauf-
training besteht
nicht nur aus Lau-
fen, Stretchen und
Kräftigen – auch die
Regeneration, z. B.
in Form von Ent-
spannungsübun-
gen, gehört dazu.

▶ **Massage** Diese Form der Regeneration gehört bei den Profisportlern längst zum Standard, nicht zuletzt wegen der Mischung aus körperlichen und psychischen Reizen. Kneten, Streichen und Walken fördern nicht nur die Durchblutung und lösen Verspannungen; allein schon der Kontakt mit den pflegenden Händen des Masseurs hat günstige Auswirkungen auf unser inneres Gleichgewicht.

▶ **Wasser** Klingt banal, ist aber höchst effektiv. Und das wusste auch schon Pfarrer Kneipp, der berühmte Entwickler der gleichnamigen Therapiekonzepte. Warmes Wasser, kaltes Wasser und Wechselbäder fördern die Durchblutung und die Entspannung. Als Voll- oder Teilbad, mit Zusätzen oder ohne. Hauptsache Wasser.

▶ **Yoga, Tai Chi & Co.** Viele Fitnessstudios bieten inzwischen Kurse dieser Asia-Sportarten an. Damit bringen Sie nicht nur Körper und Seele wieder in

Einklang – die verschiedenen Übungen verbessern gleichzeitig auch Ihre Muskelfunktionen.

▶ **Entspannungstechniken** Die Progressive Muskelrelaxation nach Jacobsen, autogenes Training sowie andere Formen der mentalen Beeinflussung unterstützen die Regeneration nach körperlichen und seelischen Belastungen. Probieren Sie es aus: Wer's einmal erlernt hat, wird es bestimmt nie mehr missen wollen.

Fünf fitte Fakten

1. Der wirksamste Schutz vor Verletzungen liegt in einer vernünftigen Trainingsplanung und der Kombination des Laufens mit Stretching, Kräftigungsübungen und Alternativsportarten. So bleibt die Muskulatur flexibel und geschmeidig.

2. Die einfachste und sicherste Form des Stretching ist das passive Dehnen. Dabei halten Sie die Dehnung bei jeder Übung für etwa 10 bis 15 Sekunden.

3. Läufer müssen zum Krafttraining nicht unbedingt ins Fitnessstudio. Stabilisationsübungen für die Rumpfmuskulatur und andere Muskelpartien können völlig problemlos auch zu Hause durchgeführt werden.

4. Ausgleichssportarten wie Walking, Nordic Walking oder Schwimmen sorgen für Abwechslung, schützen vor Verletzungen durch einseitige Belastung und bringen neue Motivation – egal für welche Sportart Sie sich entscheiden.

5. Maßnahmen der passiven Regeneration (Sauna, Massage, Kneippen, Entspannungstechniken) beschleunigen nicht nur die Erholung der Muskeln. Sie machen auch den Kopf frei und tragen somit dazu bei, innere Konflikte zu lösen.

Motivation - das A und O

Sport muss Spaß machen – sonst siegt der innere Schweinehund. Mit der richtigen Zielsetzung und einfachen Erste-Hilfe-Maßnahmen, wenn's mal nicht so läuft, können Sie sich optimal motivieren.

So bleiben Sie dran

Um es gleich vorwegzunehmen: Es gibt keine Patentrezepte zum Einsteigen und Durchhalten und schon gar keine »ideale« Sportart für alle. Menschen sind verschieden, und das schlägt sich auch in den Sportgewohnheiten nieder. Dem einen fällt es leichter, in der Gruppe zu laufen, der andere möchte lieber ganz allein seine Runden drehen, weil er dann besser abschalten kann. Aber es gibt einige Tricks, mit denen Sie sich den Einstieg erleichtern.

Natürlich sind wir nicht immer gleich gut drauf – kleinere Motivationstiefs gehören zum Laufen ebenso wie zu jeder anderen Sportart dazu. Doch Sie können die Tiefs überwinden.

Kleine Motivationshilfen

▸ **Informationen sammeln** Warum soll ich eigentlich Sport treiben – auf meinem Sofa ist es doch auch ganz gemütlich …? Wie bei jeder Veränderung in Ihrem Leben könnten Sie zunächst einmal herausfinden, welche Vorteile Sie davon haben, mit dem Laufen zu beginnen. In den vorangegangenen Kapiteln haben wir versucht, die schier unendliche Vielfalt von positiven Effekten des Laufens darzustellen: verbesserte Gesundheit, gesteigertes Wohlbefinden, höhere Lebenserwartung, mehr Fitness in Beruf und Freizeit, mehr Lebensfreude, mehr Freunde. Den ersten Schritt haben Sie also bereits hinter sich.

▸ **Ziele setzen** Joggen erfordert einen gewissen Zeitaufwand und gelegentlich eine Portion Willenskraft. Je klarer und realistischer Sie Ihr persönliches Ziel definiert haben, desto leichter wird es Ihnen auch in Zeiten geringerer Begeisterung (Kälte, Regen, Wind) fallen, sich aufzuraffen. Wer sich als absoluter Anfänger vornimmt, in drei Monaten gleichzeitig zehn Kilogramm abzunehmen und den Berlin-Marathon unter vier Stunden zu laufen, wird aller Wahrscheinlichkeit nach scheitern. Das Frusterlebnis ist vorprogrammiert. Planen Sie dagegen, in drei Monaten zum ersten Mal zehn Kilometer an einem Stück zu joggen, ist das sicherlich machbar, und Sie werden spüren, dass Sie mit jeder Einheit Ihrem Ziel ein kleines Stück näher kommen.

▸ **Dokumentation** Um Ihre Fortschritte nachvollziehen zu können, müssen Sie das Erreichte festhalten. Es ist ganz wichtig, ein kleines Heftchen (oder, wenn es Ihnen Spaß macht, ein umfangreiches Online-Tagebuch) zu führen,

Das Laufen mit anderen kann ungeheuer motivierend sein. Probieren Sie es aus!

in dem Sie kurz festhalten, was Sie sportlich erledigt haben. Wie lange sind Sie gelaufen, bei welcher Herzfrequenz, wie haben Sie sich gefühlt? Es gibt kaum einen stärkeren Ansporn als festzustellen, dass man schon deutlich schneller und länger unterwegs ist als noch vor zwei Monaten – gerade, wenn Sie sich mal nicht ganz so toll fühlen.

▶ **Zwischenziele** Zehn Kilometer in drei Monaten sind ein realistisches Ziel. Dennoch ist dieser Zeitraum relativ lang und könnte sich am Anfang vor Ihnen auftürmen wie die steilen Anstiege der Tour de France für einen Radfahrer. Nehmen Sie sich also ein Beispiel an den Pedaleuren und teilen Sie sich das Programm in Etappen ein. Beispielsweise folgendermaßen: In sechs Wochen möchte ich zum ersten Mal 30 Minuten am Stück laufen. In neun Wochen 45 Minuten – und so weiter. So wird Ihr Plan überschaubarer, und Sie haben immer wieder motivierende Erfolgserlebnisse, wenn Sie ein Teilstück erfolgreich gemeistert haben.

Motivation mit System

Es lohnt also, sich ausgiebig mit seinen Zielen zu beschäftigen. Das zeigt auch eine Studie der Motivationspsychologin Gabriele Oettingen von der Universität Hamburg. Sie untersuchte, warum so viele Menschen sich wider besseres Wissen ungesund verhalten – und wie man sie dazu bringt, Ihr Verhalten zu ändern. An Ihrer Forschungsarbeit nahmen 200 Frauen im Alter zwischen 30 und 50 Jahren teil, die sich mehr bewegen und besser ernähren wollten. Ziel war es, ein Programm zu entwickeln, mit dem es den Probandinnen gelingen konnte, ihr durchaus vorhandenes Wissen im Alltag umzusetzen. Denn dass Bewegung guttut, Rauchen schadet und eine ausgewogene Ernährung vor Krankheiten schützt, sind ja längst keine bahnbrechenden Erkenntnisse mehr – allerdings fehlt vielen die notwendige Disziplin, ihren Lebensstil zu

> Wer mit dem Sport anfängt, wird irgendwann eine weniger gute Phase haben und möglicherweise sogar Rückschläge erleiden. Einen solchen Dämpfer verdauen Sie umso schneller, je besser Sie darauf vorbereitet sind. Beschäftigen Sie sich also mit den möglichen Hindernissen und legen Sie sich schon vorher Ihre Bewältigungsstrategie zurecht.

Nachgefragt bei Prof. Dr. Wessinghage

Darf ich während der Schwangerschaft trotzdem weiter laufen?

Die Antwort hängt natürlich im Wesentlichen von Ihrer Konstitution und den individuellen Daten Ihrer Schwangerschaft ab. Sie sollten das auf jeden Fall vor Beginn des Laufens mit Ihrem Arzt absprechen. Während einer Schwangerschaft erstmals mit dem Laufen anzufangen, ist nicht ratsam. Sind Sie aber bereits vorher regelmäßig gejoggt, können Sie dies auch weiterhin tun, solange Sie keine Beschwerden haben. Aber hören Sie auf Ihren Körper. Laufen Sie langsamer und kürzer als üblich und vermeiden Sie außergewöhnlich anstrengende Läufe. (Nordic) Walking und Radfahren eignen sich jetzt prima als Alternative bzw. Ergänzung.

ändern. Das Ergebnis: Die Gruppe, die ihre Ziele mit Hilfe der Technik des mentalen Kontrastierens erarbeitete und nach einem bestimmten Schema so genannte Durchführungsstrategien entwickelte, trieb schon nach kürzester Zeit über eine Stunde pro Woche mehr Sport und ernährte sich gleichzeitig deutlich gesünder als die Kontrollgruppe. Und dies blieb auch während der gesamten vier Monate so. Der Vorteil der Technik: Sie ist in weniger als einer Stunde erlernbar (siehe Tabelle auf S. 138).

Probleme erkennen

Zentraler Punkt dieser Technik ist, dass es offensichtlich nicht ausreicht, sich die positiven Folgen einer Lebensveränderung auszumalen. Sich einfach nur einzureden: »Wenn ich laufe, fühle ich mich besser«, ist nur selten von Erfolg gekrönt. Beim mentalen Kontrastieren malt man sich zunächst lebhaft aus, wie die positive Zukunft aussehen könnte: »Durch das Laufen verliere ich Gewicht, und meine Lieblingshose aus dem letzten Jahr passt mir wieder.« Und nun überlegen Sie bereits im Vorhinein, welche Hindernisse Ihnen dabei im Wege stehen. Beispielsweise: »Wenn ich abends erschöpft von der Arbeit komme, mich auf's Sofa lege und den Fernseher einschalte, komme ich garantiert nicht mehr hoch.«

Weder Schönfärberei – unter Psychologen als Schwelgen bezeichnet – noch ständiges Grübeln bringen Sie weiter. Durch mentales Kontrastieren hingegen fühlen Sie sich Ihren Zielen mehr verpflichtet und wissen, wie Sie erfolgreich auf Schwierigkeiten reagieren können.

Erfolg ist planbar

Es ist nicht einfach, Lösungen für die zuvor formulierten Hindernisse zu erarbeiten. Die Strategien, die Sie für erfolgreich halten, werden stets in einer Wenn-Dann-Formel verpackt. Ziel ist es, entweder das Hindernis zu überwinden (»Wenn ich abends von der Arbeit müde nach Hause komme und trotzdem noch zumindest eine kleine Runde jogge, dann geht es mir später viel besser und ich kann ruhiger schlafen.«) oder dem Hindernis vorzubeu-

Auch Belohnungen eignen sich gut in diesem Zusammenhang – »Wenn ich abends noch gelaufen bin, gönne ich mir zum Fernsehkrimi meine Lieblingsschokolade.« Damit bedienen Sie sich einer der wirksamsten Motivationshilfen, die uns überhaupt zur Verfügung stehen.

Hindernisse führen zum Erfolg

Derzeitiges Verhalten	Positive Zukunft ⟶⟶ Kontrastieren Hindernde Realität ⟶⟶	Notwendigkeit zum Handeln	Sie sind sich selbst verpflichtet; Ziel rückt in den Hintergrund
Derzeitiges Verhalten	Positive Zukunft ⟶⟶ Schwelgen	Keine Notwendigkeit zum Handeln	Sie fühlen sich Ihren Zielen kaum verpflichtet
Derzeitiges Verhalten	Grübeln Hindernde Realität ⟶⟶	Keine Notwendigkeit zum Handeln	Sie fühlen sich Ihren Zielen kaum verpflichtet

Beim mentalen Kontrastieren setzen Sie sich mit der positiven Zukunft und den Hindernissen auseinander. Dadurch entsteht die Einsicht, dass es Zeit zum Handeln ist, und Sie fühlen sich sich selbst verpflichtet. Beim Schwelgen und Grübeln setzen Sie sich nur mit einer Seite auseinander – wodurch Sie sich Ihrem Ziel kaum verpflichtet fühlen.

gen (»Wenn mir ein harter Tag im Büro bevorsteht und ich abends müde sein werde, dann stehe ich morgens eine halbe Stunde früher auf und laufe vor der Arbeit.«). Halten Sie sich an diese Regeln, werden Ihre gefassten Vorsätze schnell zur Gewohnheit. Und nach einigen Wochen werden auch Sie merken: Sport macht Spaß.

Die besten Motivationstricks

Der innere Schweinehund ist nicht gerade ein possierliches Tierchen – ständig kommt er einem in die Quere, meist gerade dann, wenn es einem überhaupt nicht passt. Auch wenn Sie derzeit gut drauf sind, es im Training prächtig läuft und Sie sich gar nicht vorstellen können, dass Sie jemals keine Lust zum Joggen verspüren: Irgendwann wird er kommen, der Punkt, an dem Sie am liebsten auf der Couch bleiben würden, anstatt die Schuhe zu schnüren. Sind Sie auf diesen Moment jedoch gut vorbereitet, gelingt es Ihnen bestimmt, das Motivationsloch zu stopfen. Hier einige Tipps:

Hier und jetzt Sie überlegen, mit dem Joggen anzufangen? Dann tun Sie es. Und zwar heute noch. Verschieben Sie Ihre erste Laufrunde nicht auf morgen, einen der nächsten Tage oder die kommende Woche. Nutzen Sie den Moment und legen Sie einfach los. Das ist Ihre Chance, und es gibt nichts, was dagegen spricht, sofort mit dem Laufen zu beginnen.

Fester Termin Geben Sie dem Laufen in Ihrem Leben ab jetzt eine ähnliche Bedeutung wie dem täglichen Zähneputzen oder dem regelmäßigen Mitarbeitergespräch mit Ihrem Chef. Tragen Sie sich vorher Ihre Trainingstermine und anschließend Ihre Trainingsresultate in den Kalender ein – und lassen Sie sich nicht davon abbringen. Ruft ein Freund an und möchte sich mit Ihnen auf ein Glas Bier treffen, sagen Sie Ihm einfach, dass Sie eine Stunde später kommen. Freunde verstehen so etwas.

Traben im Team Überreden Sie Bekannte oder Ihre/n Lebensgefährten/in, Sie beim Laufen zu begleiten. Auch den Freund mit dem Bier. Gemeinsam macht das Training doppelt Spaß. Können Sie in Ihrem Bekanntenkreis niemanden überzeugen, schließen Sie sich einem Lauftreff an. Davon gibt es in Deutschland derzeit rund 3500 – bestimmt auch in Ihrer Nähe (Infos unter www.leichtathletik.de).

Make a date Verabreden Sie sich mit einem Freund zu einem festen Termin zum Joggen. Selbst wenn Sie dann eigentlich keine Lust haben, kostet es viel Überwindung, den Telefonhörer in die Hand zu nehmen und abzusagen. Das erfordert schon fast Zivilcourage. Letztendlich werden Sie herausfinden, dass es einfacher ist, doch zu laufen.

Buchführung Notieren Sie sich Ihre Trainingsleistungen. In einem Lauftagebuch schreiben Sie auf, wann Sie wie viel trainiert haben. Das reicht. Wenn Sie Spaß daran haben, können Sie auch aufschreiben, wie das Wetter war und wie

Unter www.leichtathletik.de bekommen Sie auch nützliche Hinweise zu anstehenden Läufen wie Volksläufen, Marathons und Crossläufen.

Nachgefragt bei Prof. Dr. Wessinghage

Darf ich mir als Raucher nach dem Laufen eine Zigarette gönnen?

Grundsätzlich gilt: Rauchen und Sport passen einfach nicht zusammen. Auf der einen Seite wollen Sie etwas für Ihre Gesundheit tun, auf der anderen Seite ruinieren Sie diese. Neben den rund 80 verschiedenen Giften im Zigarettenrauch bindet sich auch noch das eingeatmete Kohlenmonoxid an das Hämoglobin der roten Blutkörperchen und schränkt den Sauerstofftransport spürbar ein – bis zu einem Tag lang. Die Wirkung des Lauftrainings verpufft in blauem Dunst. Ein kleiner Trost: Viele Läufer haben durch das regelmäßige Training den Geschmack am Rauchen verloren. Einfach so.

Sie können sich auch ein Hörbuch auf den MP3-Player laden. Die Fortsetzung der Geschichte dürfen Sie dann nur beim Laufen hören. Ist die Geschichte gut genug, werden Sie bestimmt ganz schnell zum Dauerläufer …

Sie sich dabei gefühlt haben. Wenn Sie sich mal nicht so fit fühlen, schlagen Sie einfach ein paar Seiten zurück und lesen nach, wie sich Ihr Leistungsvermögen in den letzten Wochen und Monaten gesteigert hat. Sie werden staunen, gerade als Anfänger!

Bürotratsch Erzählen Sie Ihren Kolleginnen und Kollegen nach jedem Lauf, dass und wie viel Sie trainiert haben. Die Leute werden Sie bewundern, und Sie werden zu Recht stolz auf sich sein. Und so ganz nebenbei bleiben Sie mit dieser Methode auch am Ball – denn es könnte ja sein, dass einer von den netten Kollegen mal nachfragt, wie es denn gerade so läuft. Und da will man sich natürlich keine Blöße geben …

Geschenkt Wer trainiert, hat auch eine Belohnung verdient. Kaufen Sie sich ein neues, funktionelles (Lauf-)Outfit, eine schöne CD (können Sie beim Laufen hören per MP3) oder gönnen Sie sich eine Kugel Eis mehr (ohne schlechtes Gewissen!).

Gute Investition Legen Sie sich ein Sparschwein an. Das füttern Sie nach jeder Einheit oder für alle angefangenen zehn Laufminuten mit einem vorher festgelegten Betrag. Ist ein hübsches Sümmchen zusammengekommen, gehen Sie von dem Geld shoppen.

Abwechslung Stets die gleiche Runde laufen kann auf Dauer langweilig werden. Suchen Sie sich alternative Strecken aus oder machen Sie am Wochenende mal einen Ausflug in Grüne.

Virtual Running Teilen Sie Ihre Lauferlebnisse mit anderen. Entweder mit Freunden oder Kollegen oder in einem der zahlreichen Laufforen im Internet. Die wohl derzeit größte deutschsprachige Gruppe finden Sie unter http://groups. google.de/group/de.rec.sport.laufen.misc.

Wetten dass Wer trainiert, hat ein Ziel. Wetten Sie mit einem Freund, dass Sie dieses Ziel auch zu einem bestimmten Zeitpunkt erreichen werden. Aber seien Sie realistisch und setzen Sie sich nicht zu sehr unter Druck. Das gewählte Ziel sollte sich aus der kontinuierlichen Fortsetzung Ihres Training praktisch von allein ergeben. Und wählen Sie keine Ziele aus, die mit einer bestimmten Laufzeit zu tun haben (»Marathon unter vier Stunden«) – zu gefährlich!

Gute Noten Mit Musik geht alles besser – warum also nicht auch das Laufen? MP3-Player sind heutzutage längst für kleines Geld zu haben und sorgen unterwegs für gute Laune. Stellen Sie sich einen speziellen Lauf-Sampler zusammen: Langsamere Stücke am Anfang und Ende für Warm-up und Cool-down, etwas flottere Stücke dazwischen.

Musik beschwingt: Dank neuerer Technik müssen Sie auch beim Laufen nicht mehr auf Ihren Lieblings-Song verzichten.

Die beliebtesten Ausreden

Um eines gleich vorwegzunehmen: Geben Sie sich erst gar keine Mühe, wir kennen sie nämlich alle! Wenn Sie lange genug nachdenken, werden Sie immer einen guten Grund finden, warum Sie ausgerechnet jetzt und heute gerade nicht laufen können.

Das Problem: Läufer sind äußerst kreative Menschen und brauchen sich oft erst gar nicht den Kopf zu zermartern, sondern haben immer eine passende Ausrede parat. Und wir haben darauf die richtige Antwort. Denn eigentlich wollen Sie ja joggen, sonst hätten Sie gar nicht erst damit angefangen und sich niemals diese Laufschuhe und die Laufkleidung gekauft.

Ich habe keine Zeit Alles eine Frage der Prioritäten und des Timings! Einer vor nicht allzu langer Zeit veröffentlichten Studie zufolge verbringt der Deutsche im Schnitt 3 Stunden und 52 Minuten vor dem Fernseher. Täglich! Sie benötigen für alle gesundheitlichen Wirkungen des Laufens etwa drei Stunden pro Woche. Einmal jeden zweiten Tag haben Sie ja wohl ein paar Minuten für sich, oder? Selbst wenn Sie nur zehn Minuten zum Traben kommen – besser als nichts. Warum stehen Sie in Zukunft nicht morgens etwas früher auf und joggen dann? Oder nutzen die Mittagspause für ein lockeres Läufchen? Nach dem Training sind Sie viel konzentrierter, und die Arbeit geht Ihnen leichter von der Hand.

Das Wetter ist schlecht Gut, Sie haben gewonnen. Oder tobt draußen etwa doch kein Orkan? Denn das dürften die einzigen Bedingungen sein, bei denen Sie tatsächlich besser zu Hause bleiben und sich nicht auf die Laufpiste begeben sollten. Ansonsten gibt es für jede Witterung die passende Laufkleidung. Packen Sie sich warm ein oder tragen Sie Ihre funktionelle Regenbekleidung – und dann ab vor die Tür!

Ich bin verletzt O.K., Gipsbein und ähnliche Blessuren lassen wir natürlich gelten. Aber die kleine Schnittwunde am Finger? Leichter Muskelkater vom Fußballturnier mit der Firmenmannschaft? Dagegen ist ruhiges Laufen die beste Medizin. Wenn Sie einen Gang zurückschalten und es locker laufen las-

Wenn Sie Laufen als Stressbewältigungsmittel schätzen gelernt haben, sollten Sie immer daran denken: Ein ganz ruhiges Tempo baut Stress viel besser ab als ein betont schneller Lauf.

Joggen am laufenden Band

Für viele ist es im Winter die letzte Rettung – für alle aber zumindest eine tolle Alternative. Wenn es draußen stürmt und schneit, können Sie auf dem Laufband im Studio immer noch im Trockenen joggen. Wenn Sie wollen, mit Brustgurt. Auch wenn das Training auf der Tretmühle längst nicht so abwechslungsreich wie in der freien Wildbahn ist, hat es doch einige Vorteile:

▶ Die Geschwindigkeit lässt sich exakt und gleichmäßig einstellen. Damit die Belastung in etwa der beim normalen Joggen entspricht, sollten Sie auf dem Laufband eine Steigung von einem bis fünf Prozent einstellen.

▶ Wohnen Sie im Flachland, können Sie mit dem Laufband Hügelläufe und Steigungen simulieren. Das macht das Training auf dem Laufband auch deutlich interessanter. Entweder wählen Sie eines der im Gerät vorgegebenen Programme, oder Sie stellen sich selbst einen Plan zusammen. Hier ein Beispiel:

	Dauer	Tempo	Steigung
Warm-up	10 min	6–8 km/h	0 %
Training	5 min	8–10 km/h	1,5 %
	3 min	7–9 km/h	3 %
	5 min	9–11 km/h	6 %
	3 min	7–9 km/h	3 %
	4 min	9–11 km/h	1,5 %
Cool-down	5 min	6–8 km/h	0 %
	5 min	Gehen	0 %

Laufen bei Hitze

Gegen Kälte kann man sich warm anziehen; vielen Läufern bereitet die Sommerhitze dagegen mehr Probleme. Schon ab einer Temperatur von über 23 °C verringert sich die Leistungsfähigkeit des Körpers: Die Kerntemperatur sowie die Herzfrequenz und der Energieverbrauch steigen deutlich an. So bleiben Sie trotzdem ganz cool:

▶ Laufen Sie frühmorgens oder spätabends. Dann sind die Temperaturen noch oder schon wieder erträglich. Laufen Sie an schattigen Orten, dort ist es abends schneller wieder angenehm kühl.

▶ Trinken Sie den ganzen Tag über ausreichend – mindestens ein Glas Mineralwasser oder Apfelschorle pro Stunde.

▶ Schützen Sie Ihre Haut mit wasserfester Sonnencreme, die wird vom Schweiß nicht gleich wieder weggespült.

▶ Halten Sie sich weiterhin an die Vorgaben für die Herzfrequenz. Das bedeutet, dass Sie bei höheren Temperaturen das Tempo drosseln müssen.

▶ Lockere, luftige Kleidung sorgt für eine bessere Kühlung, als mit freiem Oberkörper zu laufen.

▶ Falls Sie einen längeren Lauf planen, wählen Sie eine Strecke, die Sie unterwegs an einem Kiosk vorbeiführt. Da können Sie bei Bedarf Flüssigkeit nachtanken.

sen, aktivieren Sie Selbstheilungsprozesse in Ihrem Körper und sind schneller wieder auf den Beinen. Wenn gar nichts läuft, machen Sie wenigstens einen längeren Spaziergang oder gehen Sie eine Runde schwimmen.

Laufen ist mir zu anstrengend Wer sagt denn, dass Sie wie ein Wahnwitziger durch die Gegend hetzen müssen? Ändern Sie Ihren Trainingsplan: Heute steht für Sie eine ganz lockere Einheit auf dem Programm. Laufen Sie langsamer als gewöhnlich und kürzen Sie Ihre übliche Runde ruhig ein wenig ab. Denn wenn Sie heute trotzdem trainieren, wird Ihnen die nächste Einheit deutlich leichter fallen.

Ich bin nach der Arbeit zu müde Wir glauben Ihnen ja, dass Sie einen anstrengenden Tag hinter sich haben. All der Stress im Büro, da ist man natürlich froh, wenn man zu Hause erst mal die Haustür hinter sich ins Schloss schmeißen kann. Und dann? Laufen ist die beste Methode, um Stress abzubauen – viel effektiver, als vor dem Fernseher abzuhängen und eine Tüte Chips und Bier in sich hineinzustopfen und zu schütten. Schnüren Sie aber jetzt die Laufschuhe, entrinnen Sie so nicht nur dem Stress, sondern sind danach auch angenehm ausgepowert und schlafen viel ruhiger und erholsamer.

Ich habe einfach keine Lust Warum hatten Sie noch mal mit dem Laufen angefangen? Welches waren Ihre Ziele? Gehen Sie noch einmal in sich und malen Sie sich aus, wie es sein wird, wenn Sie das erst einmal geschafft haben. Und was Sie bisher bereits alles auf sich genommen haben, um dieses Ziel zu erreichen. Und wie toll Sie sind, dies alles schon geschafft zu haben. Sie können stolz auf sich sein. Jedenfalls wenn Sie jetzt endlich loslaufen …

Ich muss mich um meine Kinder kümmern Ein guter Grund. Zugegeben, wir müssen auch kurz nachdenken, wie wir Sie dennoch überzeugen könnten. Aber schauen Sie sich Ihren Nachwuchs doch noch mal genauer an. Könnte der nicht auch etwas mehr Bewegung vertragen? Machen Sie doch einen gemeinsamen Spazier-

Mit der richtigen Ausrüstung muss Laufen keine Schön-Wetter-Angelegenheit sein – wieder eine Ausrede weniger!

gang. Noch zu klein? Dann legen Sie sich einen Baby-Jogger zu. Die Lauf-Kinderwagen gibt es inzwischen in fast jedem Sportgeschäft und eröffnen Ihnen ganz neue Perspektiven. Und wer weiß: Vielleicht kommen die Kleinen so ja auch schon auf den Geschmack!

Ich bin erkältet Gesundheit! Bei Husten und Schnupfen ist Laufen genau das, was Ihnen der Arzt verordnet hat. Sanfte Bewegung aktiviert das körpereigene Immunsystem, und beim ruhigen Joggen oder Walken machen Sie den Viren den Garaus. Aber überanstrengen Sie sich nicht, sondern traben Sie ganz locker eine kleine Runde.

Absolutes Laufverbot besteht bei akutem Fieber: Der Körper braucht dann seine ganze Energie, um den grippalen Infekt zu bekämpfen. Wer dann trotzdem Sport treibt, riskiert seine Gesundheit (z. B. Herzschaden).

Fünf fitte Fakten

1. Spaß ist der beste Trainingspartner. Nur wer Lust am Laufen verspürt, bleibt dauerhaft am Start. Motivationstricks sind hilfreich, aber nur für kurze Zeit.

2. Überlegen Sie sich, warum es für Sie sinnvoll ist zu laufen und was Sie persönlich erreichen wollen. Machen Sie sich aber auch klar, welche Hindernisse auf Sie zukommen werden und wie Sie diese überwinden.

3. Seien Sie realistisch. Setzen Sie Ihr Ziel eher niedrig an. Es motiviert mehr, dieses schneller zu erreichen, als ihm ewig hinterherzuhecheln.

4. Bleiben Sie flexibel. Sie sind kein Hochleistungssportler. Macht Ihnen heute das Laufen keine Laune, steigen Sie auf das Fahrrad oder gehen Sie ins Schwimmbad. Oder joggen Sie nur eine kleine Runde.

5. Lassen Sie sich von anderen helfen. Bei Lauftreffs, im Kollegenkreis oder in Internetforen gibt es viele Jogger, die ähnliche Probleme haben. Tauschen Sie sich mit diesen aus.

Erste Hilfe von A bis Z

Keine Frage: Laufen ist gesund. Da die positiven Auswirkungen des Ausdauertrainings vor nahezu allen Zivilisationskrankheiten schützen, ist Ausdauertraining allgemein und Joggen speziell die wirksamste Maßnahme, schwer wiegenden oder gar lebensverkürzenden Krankheiten vorzubeugen.

Trotzdem kann es im Laufe Ihres Läuferlebens passieren, dass es im Knie zwickt oder dass der Muskel zwackt. Aber keine Angst: Das ist in den meisten Fällen kein Grund zur Panik – zahlreiche Blessuren lassen sich sogar ohne einen Arzt auskurieren. Hauptauslöser von Verletzungen sind verschiedene Formen von Überlastung:

▶ Sie haben Ihren Trainingsumfang zu schnell gesteigert.

▶ Ihr Laufstil ist nicht optimal und führt zu Mehrbelastungen.

▶ Sie haben orthopädische Probleme und ziehen dadurch andere Körperregionen in Mitleidenschaft.

▶ Ihre Schuhe sind für Sie ungeeignet, passen nicht richtig oder sind zu alt.

Noch einmal sei betont: Steigern Sie immer nur einen der drei Faktoren Intensität, Häufigkeit oder Dauer des Trainings – sonst drohen Überlastungsschäden!

Die häufigsten Laufverletzungen

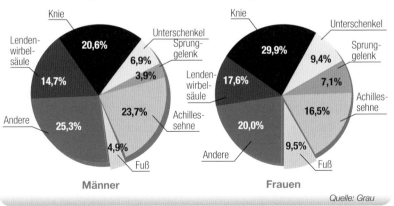

Männer

Knie 20,6%
Lendenwirbelsäule 14,7%
Andere 25,3%
Unterschenkel Sprunggelenk 6,9%
3,9%
23,7%
Achillessehne
4,9%
Fuß

Frauen

Knie 29,9%
Unterschenkel 9,4%
Sprunggelenk 7,1%
Lendenwirbelsäule 17,6%
Achillessehne 16,5%
20,0%
9,5%
Andere
Fuß

Quelle: Grau

Während Männer vor allem unter Achillessehnenbeschwerden leiden, sind bei Frauen Knieprobleme die häufigste Laufverletzung.

Kürzer treten

Um Überlastungen zu vermeiden, sollten Sie frühzeitig eine kleine Trainingspause einlegen; Ihr Bewegungsapparat wird sich recht schnell erholen. Dessen ungeachtet sollten Sie den Ursachen der Beschwerden auf den Grund gehen und versuchen, die Fehler in Zukunft zu vermeiden. Verletzungen sind ärgerlich und schmerzhaft, doch für den Organismus die einzige Möglichkeit, sich bemerkbar zu machen und darauf hinzuweisen, dass irgendetwas nicht in Ordnung ist. Und das wird auch nicht besser, wenn Sie Ihr Kämpferherz entdecken und einfach weiterlaufen.

Die folgenden Beispiele sollen Ihnen helfen, die Ursachen für eventuelle Beschwerden rechtzeitig zu erkennen, und Ihnen Ratschläge für deren Linderung vermitteln. Bei einigen Verletzungen kann eine Behandlung mit entzündungshemmenden Medikamenten sinnvoll sein. Diese sollten Sie allerdings unbedingt mit Ihrem Haus- oder Sportarzt absprechen. Und: Die Lektüre ersetzt nicht den Gang zum Arzt! Klingen die Schmerzen nicht in kürzester Zeit ab oder sind Sie sich bei der Diagnose unsicher, empfiehlt sich der Besuch beim Doktor.

Zur Vorbeugung von Achillessehnenreizung empfehlen sich ein ausgiebiges Warm-up und Cool-down sowie Stretchingübungen und Fußgymnastik. Auch ein besonders flach gebauter Schuh ohne hohen Absatz kann auf Dauer Achillessehnenschmerzen vorbeugen.

Achillessehnenbeschwerden (Achillodynie)

Symptome Ruhe- und/oder Belastungsschmerzen in der Achillessehne oder am Fersenbeinansatz

Ursache Achillessehnenbeschwerden sind das häufigste Läuferleiden und oftmals sehr langwierig. Denn die Entzündung kann viele Ursachen haben. Diese zu ermitteln, ist die erste große Herausforderung.

Im Gegensatz zu anderen Sehnen gleitet die Achillessehne nicht in einer Sehnenscheide, sondern in einem lockeren Bindegewebe, das mit vielen Blutgefäßen durchsetzt ist. Die Schmerzen entstehen durch eine Entzündung des Bindegewebes. Auslöser können beispielsweise ein harter oder zu weicher

Achillessehnenübung

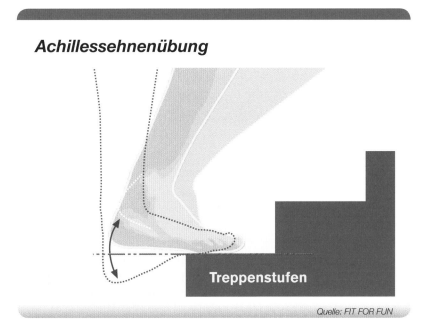

Treppenstufen

Quelle: FIT FOR FUN

Das Kräftigen der Achillessehne sollte nur durchgeführt werden, wenn sie nicht schmerzt: Die Ferse erst absenken (»Flex«), dann den Fuß maximal strecken (»Point«). Pro Seite 3 Serien à 5 bis 15 Wiederholungen.

Untergrund sein, extreme Belastungssteigerungen, eine mangelhafte Lauftechnik, eine verkürzte Wadenmuskulatur, vorbestehende orthopädische Probleme (Fußfehlstellung, Beinachsenabweichung, Rückenschmerzen) und vieles andere mehr.

Therapie Um den akuten Schmerz zu stoppen, helfen Kneipp- und Wechselbäder, Eisanwendungen (3-mal täglich einige Minuten), Salbenverbände, täglich mehrfaches Dehnen. Haben Sie selbst beim Gehen Probleme, schafft ein etwa ein Zentimeter hoher Fersenkeil im Schuh möglicherweise vorübergehend Linderung. Dieser ist im Orthopädie-Fachhandel erhältlich, sollte allerdings nicht dauerhaft getragen werden.

Selbsthilfe Ausgleichssport wie Radfahren und Aquafitness sind erlaubt. Mit dem Laufen sollten Sie jedoch erstmal ein bis zwei Wochen pausieren, bis Sie im Alltagsleben vollkommen schmerzfrei sind. ◐

Legende

⊕ = Es kann bedenkenlos weitergelaufen werden

◐ = Es kann bei Schmerzfreiheit weitergelaufen werden

⊖ = Es sollte auf keinen Fall weitergelaufen werden

Bänderdehnung (Distorsion)/**Bänderriss**

Symptome Akuter Schmerz, Schwellung, Bluterguss in Gelenknähe

Ursache Zu einer Bänderdehnung oder gar einem Bänderriss kann es durch eine heftige Fehlbewegung kommen, meist Umknicken im oberen Sprunggelenk oder im Kniegelenk. Bänder sind verstärkte Kapselstrukturen eines Gelenks, die als Führung fungieren. Überdehnte oder gerissene Bänder stellen daher immer eine akute Gefährdung des Gelenks dar und bedeuten sofortige Sportpause bis zur Ausheilung. Die gelegentlich praktizierte Vorgehensweise, eine Bandruptur im oberen Sprunggelenk durch sofortiges Weiterlaufen zu »behandeln«, ist schlicht fahrlässig.

Therapie Als Erstes gilt auch hier die so genannte PECH-Regel (siehe S. 169 dieses Buchs). Nach Anwendung dieser Maßnahmen suchen Sie möglichst unmittelbar einen Unfallarzt auf. Anhand eines Röntgenbildes muss zunächst eine gelenknahe Fraktur ausgeschlossen werden. Egal ob Dehnung oder Riss: Das Sprunggelenk wird mit einer Schiene (Orthese) ruhig gestellt. Diese müssen Sie ständig – auch nachts – tragen, da selbst Bewegungen, die keine Schmerzen verursachen, die Bänder weiter überdehnen und den Heilungsprozess stören können. Und wer sich nach einer solchen Verletzung nicht schont, riskiert Spätfolgen: von einem instabilen Bandapparat bis hin zur Arthrose. Sind Sie schmerzfrei und steigen wieder in das Training ein, schützt ein elastischer Tape-Verband das Gelenk bei den ersten Einheiten. Mit Bewegungs- und Kräftigungsübungen erreicht das Gelenk wieder seine volle Funktion.

Die Seitenbänder des oberen Sprunggelenks

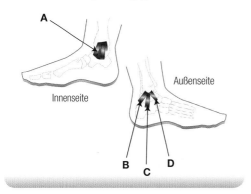

Vier Bänder halten das obere Sprunggelenk: Das Innenseitenband (A), das hintere Sprungbein-Wadenbein-Band (B), das Fersenbein-Wadenbein-Band (C) und das vordere Sprungbein-Wadenbein-Band (D).

Selbsthilfe Nach einer Bänderdehnung drohen bis zu sechs Wochen Pause, die gegebenenfalls (mit Schiene!) durch Aquafitness, Radfahren o.Ä. überbrückt werden kann. ⊖

Blasen

Ursache Druckbelastung oder Scheuern zwischen verschiedenen Hautschichten führt zum Austreten von Gewebeflüssigkeit und/oder Blut.

Therapie Stechen Sie die Blase mit einer desinfizierten Nadel auf, sodass die Flüssigkeit ablaufen kann. Die Haut über der Blase nicht abschneiden, sondern ebenfalls desinfizieren und gegebenenfalls mit einem speziellen Blasenpflaster abdecken.

Selbsthilfe Blasenpflaster vorbeugend an besonders gefährdeten Stellen verwenden, dann drückt und scheuert nichts mehr. Auch gut sitzende Schuhe und passende Socken schützen vor Blasen. Sie können besonders empfindliche Stellen vor dem Start auch mit Vaseline einreiben. ⊕

Knorpelschädigung der Kniescheibe

Symptome Schmerzen hinter der Kniescheibe bei längeren Läufen, beim Treppabgehen, bei/nach längerem Sitzen mit gebeugten Kniegelenken (beispielsweise im Auto)

Ursache Bei einer drohenden oder beginnenden Knorpelschädigung der Kniescheibenrückfläche (Chondropathia patellea) liegen oft ähnliche Ursachen vor wie beim Patellaspitzensyndrom (siehe S. 156). Die Schmerzen entstehen, da die Kniescheibe durch den starken Zug der vorderen Oberschenkelmuskulatur auf das Kniegelenk gedrückt wird.

Therapie In der Akutphase sollten zunächst alle schmerzauslösenden Bewegungen und Belastungen unterbleiben. Versuchen Sie herauszufinden, was Ihnen diesbezüglich die größten Probleme bereitet (gelegentlich sind es auch frühere Verletzungen oder Sportarten, die Sie früher ausgeübt haben, etwa

Eine Operation des oberen Sprunggelenks, wie früher bei Bänderriss üblich, erfolgt heute nur noch in Ausnahmefällen, da sie die Heilung nicht beschleunigt. Die Ruhigstellung durch die Schiene reicht aus, damit sich das Bindegewebe in ein belastbares Band umbildet.

Fußball oder Tennis). Dehnübungen des Quadrizeps, Kräftigung der Oberschenkelrückseite, Verbesserung der Lauftechnik, gegebenenfalls Wechsel der Sportart kommen als Gegenmaßnahme infrage. Auch knorpelfördernde Nahrungsergänzungen können bisweilen helfen.

Selbsthilfe Bei Knorpelproblemen ist das Gelenk stark gefährdet. Damit spaßt man nicht. Die gefürchtete Abnutzung (Arthrose) tritt möglicherweise erst später auf. Wenn es aber so weit ist, hat die Medizin bislang kein probates Gegenmittel. Daher sollten Sie die Situation nüchtern analysieren und Ihre Gesundheit nicht leichtfertig aufs Spiel setzen. Schwimmen und Aquafitness eignen sich sehr gut als (vorübergehender) Ersatz fürs Laufen. ⊕

> Bei Muskelkrämpfen, beispielsweise in der Wade, können Sie es auch mit Magnesiumtabletten versuchen. Sprechen Sie eine längere Einnahme aber unbedingt mit Ihrem Arzt ab.

Krämpfe

Ursache Die Ursachen sind höchst unterschiedlich und vielschichtig: von Elektrolytmangel bis zur lokalen Überforderung, von unzureichender Vorbereitung bis zu falschen Schuhen.

Therapie Die betroffene Muskulatur vorsichtig dehnen. Danach trinken, zusätzlich Elektrolyte (Natrium/Kochsalz). Vorsichtige Lockerungsmassage.

Selbsthilfe Sobald Sie in Ruhe und bei sanfter Belastung (Treppensteigen, Treppabgehen) wieder vollkommen schmerzfrei sind, dürfen Sie wieder vorsichtig lostraben. ⊕

»Läuferknie«

Symptom Beim Beugen des Kniegelenks Schmerzen an der Außenseite des Oberschenkels, knapp über dem Gelenk

Ursache Der Tractus iliotibialis ist eine lange Sehnenplatte, die an der Außenseite des Oberschenkels entlang bis zum Knie führt. Der dazu gehörige Muskel findet sich am oberen Ende des Oberschenkels (»Schenkelbindenspanner«). Zu einer Überlastung kann es kommen, wenn das System aus Muskel und Sehne überlastet wird und durch verstärkte Spannung den darunter liegenden

Nachgefragt bei Prof. Dr. Wessinghage

Warum bekomme ich vom Laufen blaue Zehennägel?

Ihre Schuhe passen nicht richtig, sind zu klein oder zu weit! Bei längerem Laufen dehnen sich die Füße etwas aus. Tragen Sie zu knappe Laufschuhe, stoßen die Zehen bei jedem Schritt vorn an, es kommt zu kleinen Verletzungen (Kontusionen), und ein Bluterguss bildet sich unter dem Zehennagel. Kaufen Sie Ihre Laufschuhe daher etwa eine Nummer größer als regulär, bei sehr langen Strecken (Marathon) noch größer. Vor den Zehen sollten im Stand ungefähr ein bis zwei Zentimeter Platz sein. Gleichzeitig sollten Sie darauf achten, dass der Schuh schmal genug ist und Ihren Fuß gut fixiert.

Knochen(vorsprung) reizt. Die Ursachen der Überforderung sind sehr verschieden, sie reichen von Trainingsfehlern (Distanz, Gelände, Gefällstrecken) über ungeeignete Laufschuhe bis hin zu Laufstil und muskulären Schwächen.
Therapie Die Schmerzen bekämpfen Sie zuerst mit Eis (lokal am Knochen) und eventuell mit Wärmebehandlungen des Muskels. Dehnen des Tractus iliotibialis, Kräftigen z. B. der Gesäßmuskulatur. Vermeiden Sie Bergabstrecken und besonders lange Läufe.
Selbsthilfe Auch hier gilt wie immer, dass schmerzfrei mögliche Sportarten natürlich betrieben werden dürfen (z. B. Schwimmen, Aquafitness, Radfahren). ➕

Eine extreme Variante des Muskelkaters ist die Verhärtung, die ebenfalls durch eine Überlastung entsteht. Bei einer Verhärtung ist die Grundspannung des Muskels ständig erhöht.

Muskelkater

Symptome Bewegungs- und Belastungsschmerz in einer oder mehreren besonders belasteten Muskelgruppen, in der Regel am Tag nach einer ungewohnten Anstrengung auftretend

Ursache Mikroverletzungen der Muskulatur. Diese Mikro-Faserrisse entstehen durch so genannte exzentrische Belastungen, beim Laufen beispielsweise bei der Landung, wenn der angespannte Kniestreckmuskel die Aufprallenergie abfängt.

Therapie Aktive Maßnahmen zur vorsichtigen Durchblutungsförderung wie Kneipp- und Wechselbäder, aber auch dosierte lokale Eisanwendungen. Leichte Bewegung wie Radfahren, Aquafitness und sehr vorsichtiges Dehnen beschleunigen den Heilungsprozess. Massagen sind ungeeignet.

Selbsthilfe Leichte Bewegung fördert den Selbstheilungsprozess. ✚

Muskelkater vermeiden Sie durch Training. Je besser Sie vorbereitet sind, desto geringer ist das Muskelkaterrisiko. Auch Aufwärmen vor der Belastung gehört zur Vorbereitung.

Muskelzerrung/Muskelriss

Symptom Stechender, plötzlich auftretender lokaler Schmerz in der Muskulatur, Konturveränderung, Schwellung und/oder Bluterguss

Ursachen Die Übergänge vom Muskelkater zur Zerrung bis zum Muskelfaserriss sind theoretisch fließend. Während der Muskelkater durch Mikrorisse in der Muskulatur entsteht, reißen bei der Zerrung und dem Riss einzelne oder mehrere Fasern. In der Praxis sind die Ereignisse jedoch verschieden. Eine Zerrung oder ein Muskelriss stellt ein plötzliches, sehr heftiges Schmerzereignis dar, das unmittelbar dazu zwingt, jegliche Aktivität einzustellen. Typische Beispiele erleben wir bei Fernsehberichten von Leichtathletikveranstaltungen, wenn der Sprinter sich abrupt an den Oberschenkel fasst und kurz danach mit schmerzverzerrtem Gesicht auf der Bahn liegt. Beim Joggen kann dies passieren, wenn Sie z. B. ohne ausreichendes Aufwärmprogramm einen Sprint einlegen. Aber auch, wenn Sie nach einem Fehltritt mit einer instinktiven, schnellen Bewegung versuchen, den Körper abzufangen. Die Gefahr steigt in einer besonders umfangreichen oder intensiven Trainingsphase.

Therapie Als Erstes ist die PECH-Regel anzuwenden (siehe S. 169 dieses Buchs). Kühlen Sie den Muskel vorsichtig (!) für 24 bis 48 Stunden. Frühestens 72 Stunden nach der Verletzung können Sie ganz vorsichtig mit einem leichten Dehnprogramm beginnen. Keine Massagen. Je nach Ausprägung steht Ihnen dann eine vier- bis sechswöchige Laufpause bevor. Wichtig: Fangen Sie nicht zu früh wieder mit dem Laufen an, sonst bricht die gerade geheilte Wunde wieder auf. Haben Sie bei der ersten Einheit noch Schmerzen, sofort stoppen.

Selbsthilfe Bevor Sie wieder mit dem Laufen beginnen, müssen Aquafitness, Radfahren, Walking und eventuell leichte Kraftübungen absolut schmerzfrei möglich sein. ○

Nachgefragt bei Prof. Dr. Wessinghage

Bei Verletzungen wird oft zu Aquafitness geraten. Warum?

Der Vorteil der Aquafitness (Aquajogging, Deep Water Running) ist in dem Augenblick nachvollziehbar, in dem Sie ins Wasser gleiten und buchstäblich schweben. Mit Hilfe von Aqua-Gürtel oder -Weste können Sie laufähnliche Bewegungen durchführen, ohne dass Sie den Boden berühren oder gar Stoßbelastungen verspüren würden. So werden der Stütz- und Bewegungsapparat, insbesondere auch die Muskulatur entlastet und können sich trotz effektiven Ausdauertrainings regenerieren. Der Vorteil gegenüber dem Schwimmen liegt in der erheblich leichter zu erlernenden Technik.

Das Laufen im Wasser ist – abhängig von Ihrem Krafteinsatz – kaum weniger anstrengend als das Laufen an Land, da das Wasser den Bewegungen von Armen und Beinen einen erheblichen Widerstand entgegensetzt. Auch Patienten (nach Operationen, Verletzungen) und schwergewichtige Menschen profitieren in hohem Maße vom Training im Wasser. Viele Institutionen (Krankenkassen, Sportvereine, Fitnesseinrichtungen) bieten Kurse an.

Patellaspitzensyndrom

Symptom Belastungsschmerz an der Kniescheibenspitze

Ursache Die Kniescheibe ist gewissermaßen ein Teil der Sehne, die vom Oberschenkelstrecker zum Unterschenkel führt. Der sehnige Teil oberhalb der Kniescheibe heißt Quadrizepssehne, der unterhalb verlaufende Patellasehne. Da der Quadrizeps ein sehr kräftiger Muskel ist, führt sein Anspannen zu einer hohen Zugbelastung am Ursprung der Patellasehne. Gleichzeitig wird die Kniescheibe gegen das Kniegelenk gepresst. Schmerzen treten bei einer Überlastung des Übergangs vom Knochen zur Patellasehne auf. Oft ist die Oberschenkelmuskulatur verkürzt oder zu kräftig im Verhältnis zu ihren Gegenspielern auf der Oberschenkelrückseite.

Therapie Eismassagen (am Knochen) und Tape-Verband lindern die Symptome. In Zukunft die vordere Oberschenkelmuskulatur ausgiebig dehnen und die hintere Oberschenkelmuskel kräftigen. Gegebenenfalls Techniktraining.

Selbsthilfe Pause, bis die Schmerzen abgeklungen sind. In dieser Zeit ist Aquafitness besonders empfehlenswert, Radfahren weniger (da es zur vermehrten Beanspruchung des Quadrizeps führen kann). ⊙

> Hinter einer Verkürzung der Oberschenkelmuskeln stecken z.B. schlechte Technik, einseitiges Training oder fehlende Ausgleichsübungen wie Stretching oder Krafttraining.

Schienbeinkantensyndrom

Symptom Schmerz an der inneren oder vorderen Schienbeinkante

Ursache Zu einer Reizung am Ursprung der hinteren oder vorderen Schienbeinmuskulatur kann es kommen, wenn der Trainingsumfang zu abrupt gesteigert wird, wenn Fußfehlstellungen vorliegen, der Laufschuh nicht geeignet ist (z.B. zu hart, zu stark gestützt) oder der Laufstil ein Risiko darstellt (betontes Anziehen der Fußspitze beim Aufsetzten des Fußes).

Therapie In der akuten Phase sorgen Eis (am Knochen) oder Wärme (am Muskel), entzündungshemmende Salben oder Medikamente, Physiotherapie und gezieltes Dehnen für Linderung. Gegebenenfalls Koordinationsübungen, Techniktraining, Wechsel der Laufschuhe.

Selbsthilfe Sobald der Schmerz beim Joggen verflogen ist, können Sie es wieder langsam angehen lassen. ⊕

Seitenstechen

Ursache Die Ursachen des Seitenstechens sind immer noch nicht eindeutig geklärt. Gelegentlich ausgelöst durch zu schnelles Anfangstempo, durch Bergablaufen, durch ungeeignete und/oder zu üppige Nahrungsaufnahme vor dem Training bzw. Wettkampf.

Therapie Tempo raus! Locker weitertraben, Einatmen und Ausatmen stark forcieren, z. B. durch Heben der Arme oder Hockstellung.

Selbsthilfe Nach einer kurzen Gymnastik-/Gehpause läuft's wieder. ⊕

Die goldene Regel bei allen Verletzungen lautet: Nehmen Sie sie ernst, ignorieren Sie sie nicht, und lassen Sie es nach einer Verletzungspause ruhig angehen!

Fünf fitte Fakten

1. Hören Sie auf Ihren Körper. Leiden Sie unter Schmerzen, legen Sie eine Laufpause ein und scheuen Sie sich auch nicht, den Arzt aufzusuchen.
2. PECH-Regel: Pause, Eis, Compression und Hochlegen sind ein probates Mittel bei vielen akuten Laufverletzungen (siehe S. 169 dieses Buchs).
3. Die meisten Blessuren entstehen durch Über- oder Fehlbelastungen. Steigern Sie daher Umfänge und Intensität im Training mit Bedacht. Und reagieren Sie sofort, wenn Beschwerden auftreten.
4. Zum Laufen gehört nicht nur Joggen. Mit Dehn- und Kräftigungsübungen kommen Sie nicht nur besser in Form, sondern können auch viele Verletzungen vermeiden.
5. Nicht zu früh wieder anfangen. Erst wenn Sie vollkommen beschwerdefrei sind, dürfen Sie die Laufschuhe wieder schnüren.

Das erste Rennen

Wer regelmäßig trainiert, wird schon bald die ersten Fortschritte spüren. Es läuft einfach runder, und der Körper ist besser in Schuss. Für viele Freizeitjogger folgt dann der nächste logische Schritt: Sie möchten sich mit anderen messen.

Es muss nicht immer Marathon sein

Wer beim Laufen beginnt, an Wettkämpfe zu denken, landet irgendwann fast unweigerlich beim Marathon. Und keine Frage: Die Zahl der Marathonhelden steigt nach wie vor. Derzeit gibt es in Deutschland fast 200 Wettbewerbe mit jährlich mehr als 100 000 deutschen Marathon-Finishern. Viele Starterfelder sind bereits Monate vorher ausgebucht. Doch für Einsteiger dauert die Vorbereitung auf diese Königsdisziplin mindestens ein Jahr und erfordert einen starken Willen, viel Disziplin und eine ganze Menge Zeit.

An einem 10-Kilometer-Rennen können Sie dagegen bereits nach wenigen Monaten teilnehmen. Und es lohnt sich! Selbst wenn Sie eigentlich kein Wettkampftyp sind, bringt allein schon die Anmeldung neuen Schwung in Ihr Training. Denn der Reiz des Unbekannten setzt häufig ungeahnte Kräfte frei – ohne dass Sie sich dabei unnötig unter Druck setzen müssen. Schließlich erwartet niemand von Ihnen, dass Sie als Erster über die Ziellinie laufen. Kein Grund also, das Ganze zu verbissen zu sehen. Genießen Sie einfach die Stimmung am Start und auf der Strecke.

Startmöglichkeiten gibt es hierzulande genügend – immerhin finden pro Jahr in Deutschland über 3600 Volksläufe mit insgesamt über 1,5 Millionen Teilnehmern statt. Ganz sicher ist dabei auch eine Veranstaltung in der Nähe Ihres Wohnortes. Ein weiterer Vorteil gegenüber dem Marathon: Die Meldegebühr ist im Vergleich zu den Mega-City-Events deutlich niedriger.

Alle Wettbewerbe sind im Volkslaufkalender des Deutschen Leichtathletik-Verbandes (DLV) aufgeführt. Das Heft erhalten Sie gegen Einsendung eines frankierten DIN-A5-Rückumschlags (Haus der Leichtathletik, Alsfelder Straße 27, 64289 Darmstadt). Sie können sich natürlich auch im Internet kundig machen (www.leichtathletik.de).

Vor dem Start

Bevor Sie sich für einen Wettkampf, sei es Marathon oder 10-Kilometer-Lauf, anmelden, gilt es, Folgendes zu entscheiden:

Event oder Familienfest 10-Kilometer-Läufe gibt es in jeder Größe. Beim Hamburger Alsterlauf etwa gehen 5500 Teilnehmer an den Start, bei vielen kleineren Veranstaltungen sind es dagegen manchmal nur einige Dutzend.

In einem großen Feld zu laufen, ist sicherlich ein tolles Erlebnis. Denn bei solchen Veranstaltungen säumen viele Zuschauer die Strecke, die Ihnen Beine machen. Das motiviert ungemein. Bei all dem Jubel passiert es jedoch nicht so selten, dass Anfänger auf den ersten Kilometern zu schnell beginnen, frühzeitig erschöpft sind und sich dann ins Ziel quälen. Trotz guter Vorbereitung wird der Lauf so zur Schinderei – und die Lust an einem solchen Rennen vergeht genauso schnell, wie sie gekommen ist.

Wer das vermeiden möchte, meldet sich bei einer kleineren Veranstaltung an – denn auch diese haben ihren Reiz. Meist geht es hier familiärer zu, und Sie können in aller Ruhe Ihr Rennen laufen. Es herrscht eine ruhigere Atmosphäre und längst nicht solch eine Hektik wie bei den Riesen-Rennen. Dafür gönnt man sich dann nach dem Lauf eine gemeinsame Sieger-Spezi – und findet so vielleicht noch einen zukünftigen Trainingspartner.

Heim- oder Auswärtsspiel Natürlich ist es am einfachsten, direkt zu Hause oder im Nachbarort sein Wettkampfdebüt zu feiern. In der Regel können Sie dann bestimmt auch noch ein paar Freunde aktivieren, die Sie auf der Strecke anfeuern. Und der Aufwand ist sehr gering: An den Start gehen, laufen und wieder ab nach Hause.

Für viele ist jedoch auch eine Kombination aus Wochenendausflug und Wettkampfstart verlockend. Sie kommen raus aus dem Alltagstrott, lernen eine neue Umgebung kennen, und das Rennen wird dann zu einer zusätzlichen Sightseeing-Tour.

Asphalt oder Wald Die meisten 10-Kilometer-Rennen sind Straßenläufe. Gestartet wird häufig in der Innenstadt oder im Dorfzentrum, von wo aus es auf einen Rundkurs oder auf eine Wendepunktstrecke geht. Der Vorteil: Auf dem harten, ebenen Asphalt sind Sie flott unterwegs, auch bei Regen ist das Geläuf griffig.

Doch es gibt auch noch echte Wald- und Wiesenveranstaltungen. Dort geht es auf und ab, über Feld- und Wirtschaftswege oder direkt durch den Wald. Hier steht das Lauf- und Naturerlebnis im Vordergrund, Bestzeiten und Rekorde spielen keine Rolle.

Welche Art der Veranstaltung für Sie die beste ist, müssen Sie natürlich selbst entscheiden. Oder noch besser: Sie probieren verschiedene Varianten aus.

Die »Pasta-Party« vor dem großen Lauf dient dazu, die Kohlenhydratspeicher noch einmal bis zum Rand zu füllen.

Der Countdown läuft

Während eines Wettkampfes gehen Sie möglicherweise an Ihre Grenzen. Schließlich fordern Sie Ihrem Körper ja eine ungewohnte Leistung ab. Mit einer guten Vorbereitung haben Sie mehr Spaß – und dazu gehört nicht nur, genügend Trainingskilometer zu sammeln. Gerade unerfahrenen Läufern hilft es, das Abenteuer Wettkampf gründlich zu planen. Gönnen Sie sich für Ihre Wettkampfpremiere eine Vorbereitung von sechs bis acht Wochen. Denn wenn Sie sich im Vorfeld an einige Grundregeln halten, kommen Sie entspannter ins Ziel und können das Rennen in vollen Schritten genießen.

Eine Woche vorher

Training reduzieren Die Kilometer, die Ihnen jetzt noch fehlen, werden Sie in den nächsten Tagen auch nicht mehr aufholen. Wichtiger ist es, erholt an den Start zu gehen. Die letzte intensive Trainingseinheit absolvieren Sie etwa zehn bis vierzehn Tage vor dem Rennen, danach machen Sie nur noch kürzere Läufe in ruhigem Tempo. Anschließend lockern Sie die Muskeln mit einem ausgiebigen Dehnprogramm.

Gut essen Damit die Energiespeicher gut gefüllt sind, erhöhen Sie noch einmal den Kohlenhydratanteil Ihrer Ernährung. Sicherlich ist dieser Faktor bei einer vergleichsweise kurzen Belastung längst nicht so entscheidend wie vor einem Marathon, trotzdem kann der Teller Nudeln am Abend vor dem Start nicht schaden. Meiden Sie außerdem Alkohol. Koffein nur, wenn Sie daran sehr gewöhnt sind.

Zu lange Zehennägel können beim Laufen schmerzhaft sein. Schneiden Sie diese daher bereits ein paar Tage vor dem Lauf, die frische Haut unter den Nägeln ist dann am Renntag widerstandsfähiger.

Nachgefragt bei Prof. Dr. Wessinghage

Ich möchte unbedingt beim New-York-Marathon an den Start gehen. Wie kann ich diesen Traum verwirklichen?

Grundsätzlich führen drei Wege nach New York.

1. Über die Zeit: Es gibt Qualifikationszeiten (z. B. Männer bis 40 Jahre: 2:55 Stunden, Frauen bis 40 Jahre: 3:23 Stunden). Wer im letzten Jahr schneller lief, erhält automatisch einen Startplatz. Die Zeiten sind zwar für ältere Klassen etwas länger – aber immer noch recht happig.

2. Sie vertrauen auf Ihr Glück: Auf der Internetseite des Veranstalters (www.nycmarathon.org) können Sie an einer Lotterie teilnehmen. Dort werden die Startplätze unter allen Anmeldungen verlost.

3. Sie gehen auf Nummer sicher: Es gibt etliche Reiseveranstalter, die Startplatz-Kontingente aufgekauft haben und den Trip als Paket (inklusive Flug und Hotel) anbieten. Erkundigen Sie sich aber frühzeitig im Reisebüro. Auch wenn der Lauf erst im November stattfindet, sollten Sie bereits im Frühjahr buchen.

Richtiger Fahrplan Wer an einem Wettkampf teilnimmt, hat ein Ziel. Für viele Starter geht es dabei lediglich um das Dabeisein und Ankommen, für andere geht es darum, eine gewisse Zeit zu schaffen. Überprüfen Sie noch einmal Ihr Training der vergangenen Wochen und schätzen Sie ab, ob Ihr persönliches Ziel, das Sie sich gesetzt haben, auch wirklich realistisch ist. Haben Sie sich in letzter Zeit nicht richtig wohl oder nicht ganz fit gefühlt, sollten Sie Ihre angestrebte Zeit etwas nach unten korrigieren, sonst könnte der Wettkampf ganz schön frustrierend werden.

Gute Nacht Versuchen Sie, die gesamte Woche über ausreichend Schlaf zu bekommen. Optimal sind sieben bis acht Stunden. So sind Sie ausgeruht und brauchen nicht unruhig zu werden, wenn Sie in der Nacht vor dem Rennen vor Aufregung kein Auge zutun können.

Der Tag davor

Prost Trinken Sie ausreichend, aber nicht übermäßig, damit Sie am Start genügend Flüssigkeit an Bord haben.

Turnbeutel-Vergesser Packen Sie Ihre Sporttasche schon am Abend vor dem Wettkampf. Auch wenn Sie morgen Ihren großen Auftritt haben: Verzichten Sie auf nagelneue Schuhe oder ein ungetragenes Outfit – das ist ein Wettkampf, keine Modenschau. Sämtliche Sachen sollten bereits gut eingelaufen sein – so sind Sie sicher, dass im Rennen nichts drückt oder scheuert. Nehmen Sie Kleidung für jedes Wetter mit, und zwar nicht nur eine Wettkampfausrüstung, sondern auch einen Trainingsanzug, um sich vor dem Start richtig warm zu halten.

Abschlusstraining Um die Muskeln zu lockern und im Tritt zu bleiben, sollten Sie am Tag vor dem Wettkampf noch einmal 20 Minuten langsam um den Block traben.

Keine Experimente Der wichtigste Tipp. Was immer Sie tun (essen, trinken, Laufkleidung, Schuhe) – greifen Sie auf Bewährtes zurück. Vertrauen Sie keinesfalls den ganz tollen Erfahrungen anderer – solange Sie sie nicht selbst erprobt haben.

Ebenfalls nicht vergessen: Duschzeug, Kleidung zum Wechseln, Pflaster oder Vaseline für empfindliche Stellen und vier Sicherheitsnadeln (für die Startnummer; werden zwar in der Regel vom Veranstalter gestellt – aber man weiß ja nie).

Der Tag X

Guten Morgen Stehen Sie spätestens drei bis vier Stunden vor dem Start auf. Ihr Organismus braucht Zeit, um in Gang zu kommen.

(Immer noch) keine Experimente Frühstücken Sie nur Sachen, die sonst üblicherweise auch auf den Tisch kommen. Wer weiß, wie Ihr Magen auf ungewohnte Nahrung reagiert? Verzichten Sie auf Müsli (Ballaststoffe) sowie stark säurehaltiges Obst wie Orangen. Sie könnten im Wettkampf zu Magenbeschwerden führen.

Anreise Seien Sie früh genug an der Strecke. Holen Sie zuerst Ihre Startnummer ab. So kommen Sie nicht in Zeitstress. Danach haben Sie ausreichend Zeit, das Flair der Veranstaltung in sich aufzunehmen und sich vorzubereiten.

Aufwärmen Laufen Sie sich maximal 15 Minuten locker warm und absolvieren Sie dann ein kurzes, ganz leichtes Dehnprogramm.

Gehören Sie zu der eher langsameren Läuferspezies, sollten Sie sich nicht ganz vorn an der Startlinie aufstellen. Dort stehen Sie den Schnelleren nur im Weg und lassen sich womöglich noch von deren Tempo animieren und mitziehen.

Aufwärmen und leichtes Dehnen – und es kann losgehen!

Letzter Check Binden Sie einen doppelten Knoten in Ihre Schnürsenkel. Wenn Sie die Laufzeit kontrollieren wollen, überprüfen Sie, ob sich Ihre Stoppuhr mit einem Tastendruck aktivieren lässt. Wenn Sie mögen, können Sie im Rennen einen Pulsmesser tragen. Selbst wenn Sie keine Empfehlung für Ihre optimale Herzfrequenz haben, ist es im Nachhinein oft erstaunlich zu sehen, in welche Höhen man den Puls bei einer solchen Belastung treibt.

Tempo Locker und doch zügig ins Ziel kommen Sie, wenn Sie gleichmäßig laufen, die erste Hälfte am besten eine Winzigkeit langsamer als die zweite. Wer zu schnell startet, baut auf den letzten Kilometern mehr ab, als er zu Beginn herausgelaufen ist. Falls Sie sich eine Marschtabelle zurechtgelegt haben, gehen Sie diese im Kopf noch einmal durch oder schreiben Sie sich die Kilometer-Durchgangszeiten auf die Startnummer oder die Hand.

Das Rennen

Zeitnahme Starten Sie Ihre Stoppuhr beim Überlaufen der Startlinie. So haben Sie Ihre individuelle Zeit stets im Blick. Bei den meisten Rennen sind die einzelnen Kilometer ausgeschildert. Überprüfen Sie dann, ob Sie im Soll sind, und drosseln Sie das Tempo, falls Sie auf den ersten Kilometern vor lauter Euphorie zu schnell unterwegs sind.

Bitte lächeln Machen wir uns nichts vor: Aller Wahrscheinlichkeit nach werden Sie sich nicht mehr für die Olympischen Spiele qualifizieren und Sie müssen auch keinem neuen Sponsorenvertrag hinterherjagen. Genießen Sie also den Lauf und lassen Sie die Stimmung auf sich wirken. Sie wollen zwar etwas leisten, aber viel wichtiger: Sie sind zum Spaß hier! Machen Sie sich das immer wieder klar.

Kein falscher Ehrgeiz Bekommen Sie beim Laufen Probleme oder Schmerzen, nehmen Sie das Tempo raus oder legen Sie eine Gehpause ein. Und wenn gar nichts mehr geht, steigen Sie aus. Ein solcher Wettkampf ist es nicht wert, dass Sie Ihre Gesundheit aufs Spiel setzen.

Verpflegung Im Gegensatz zu einem Marathon brauchen Sie bei einem 10-Kilometer-Wettkampf keine Nahrung aufzunehmen und müssen eigentlich

> Vergessen Sie eins nie: Als Freizeitsportler nehmen Sie freiwillig an einem Rennen teil. Der Spaß steht dabei also immer im Vordergrund!

auch nichts trinken. Für eine Belastung zwischen 50 und 70 Minuten hat der Körper in der Regel ausreichend Reserven. Bei einigen Wettbewerben werden trotzdem Getränke zur Erfrischung gereicht. Wenn Sie zugreifen, trinken Sie in kleinen Schlucken und verlangsamen Sie dabei leicht das Tempo. Kommunikative Menschen bleiben gern stehen und halten ein Schwätzchen mit den freundlichen Helfern.

Schluss-Spurt Sie haben es fast geschafft. Bis zum Ziel sind es nur noch wenige hundert Meter. Genießen Sie Ihren Triumph. Sie können stolz auf sich sein! Und so klappt es bestimmt auch mit dem Siegerlächeln. Haben Sie jetzt noch überschüssige Kräfte, dürfen Sie zu einem kleinen Endspurt ansetzen. Schließlich ist das Ihr erstes Rennen – und Sie sind auf jeden Fall auf dem Weg zu einer neuen Bestzeit.

Herzlichen Glückwunsch!

> Es ist schon ein tolles Gefühl, über die Ziellinie zu laufen. Sie haben es geschafft und können mit Recht stolz auf sich sein.

Fünf fitte Fakten

1. Auch wenn es ein Rennen ist – sehen Sie die ganze Sache nicht zu verbissen. Setzen Sie sich nicht unter Druck – Sport macht Spaß!
2. Planen Sie Ihren ersten Wettkampf sechs bis acht Wochen im Voraus. So kommen Sie sicher ins Ziel.
3. Überprüfen Sie, ob Ihre angepeilte Zeit bei Ihrem derzeitigen Leistungsstand realistisch ist. Haben Sie zu wenig trainiert, korrigieren Sie Ihr Ziel.
4. Legen Sie nicht zu schnell los. Halten Sie sich an Ihr geplantes Tempo und versuchen Sie, die erste und die zweite Hälfte etwa gleich schnell zu laufen.
5. Laufen Sie mit einem Lächeln ins Ziel. Das war Ihr erstes Rennen. Sie können erhobenen Hauptes über die Linie traben!

Fitmacher fürs Rennen

Aufgrund ihrer Inhaltsstoffe eignen sich viele Lebensmittel ganz besonders für den Bedarf des Läufers – und lassen sich zu vielen köstlichen Mahlzeiten kombinieren:

Getreideprodukte	Vollkornnudeln, Getreideflocken (z.B. Weizen, Dinkel, Gerste, Hirse, Buchweizen, Hafer), Naturreis, Wildreis, Parboiled Reis
Öle & Fette	Rapsöl, Olivenöl, Erdnussöl, Walnussöl, Leinöl, Sonnenblumenöl (in Maßen)
Fettarme Milchprodukte	Milch, Joghurt, Hüttenkäse, Kefir, Buttermilch, Dickmilch, Quark, Frischkäse
Mageres Fleisch	Rinderfilet, Roastbeef, Kochschinken, Kalbfleisch, Hähnchen- oder Putenbrust, Wild
Fisch	Lachs, Hering, Makrele, Aal, Thunfisch, Kabeljau, Scholle, Seezunge, Forelle
Nüsse & Samen	Cashewkerne, Erdnüsse, Haselnüsse, Paranüsse, Walnüsse, Mandeln, Pistazien, Pinienkerne, Sonnenblumenkerne, Sesam
Obst, Früchte & Beeren	Äpfel, Bananen, Birnen, Melone, Kiwis, Heidelbeeren, Preiselbeeren, Johannisbeeren, Sanddornbeeren, Erdbeeren, Kokosnüsse, unge-schwefelte Trockenfrüchte (Aprikosen, Datteln, Feigen, Rosinen), Zitrusfrüchte (Orangen, Grapefruits, Mandarinen, Zitronen)
Salate & Gemüse	Endivie, Feldsalat, Artischocken, Auberginen, Brokkoli, Grünkohl, Fenchel, Bohnen, Linsen, Mais, Erbsen, Sojabohnen, Mangold, Kartoffeln, Spinat, Paprika, Petersilie, Sellerie, Spargel, Schnittlauch, Karotten, Tomaten, Zucchini
Und last but not least …	Milchsauer eingelegte Gemüsesorten (z.B. Sauerkraut), Brottrunk, Kakaopulver, Blütenpollen, Sojaprodukte

Glück im Unglück – die PECH-Regel

Als Sofortmaßnahme am Unfallort hat sich für viele Verletzungen die so genannte PECH-Regel bewährt:

P	–	Pause
E	–	Eis/Kühlung
C	–	Compression
H	–	Hoch lagern

Pause Mit Schmerzen läuft nix! Auch wenn es frustrierend ist: Wer auf seiner Laufrunde umknickt oder sich einen Muskel zerrt, sollte nicht versuchen, sich noch irgendwie im Laufschritt bis nach Hause zu schleppen. Das kann die Verletzungspause deutlich verlängern. Brechen Sie die Einheit ab. Freund anrufen, Bus nehmen, Taxi fahren.

Eis/Kühlung Bei Verletzungen kennt der Körper nur eine Reaktion: die Entzündung. Die Durchblutung wird gesteigert, um Zellen an den Ort des Geschehens zu befördern, z. B. Immunzellen zur Abwehr, Bindegewebszellen zur Reparatur. Das spüren Sie an der eintretenden Rötung, Schwellung und Überwärmung. Durch Kühlung mindern Sie die Entzündungsreaktion und beschleunigen die Genesung. Wichtig: Legen Sie Eiswürfel oder Cool-Packs nicht direkt auf die Haut. Das kann zu lokalen Erfrierungen führen. Am besten das Eis in ein Küchenhandtuch wickeln.

Compression Ein Druckverband verringert die Schwellung. Legen Sie den Verband nicht zu fest an, sonst schnüren Sie den Blutstrom ab.

Hoch lagern So fließt das Blut aus der verletzten Region schneller zurück, Sie vermeiden eine starke Schwellung und einen großen Bluterguss.

Register

Impressum

© 2009 by Südwest Verlag, einem Unternehmen der Verlagsgruppe Random House GmbH, 81673 München

Hinweis
Die Ratschläge in diesem Buch sind von Autoren und Verlag sorgfältig erwogen und geprüft; dennoch kann eine Garantie nicht übernommen werden. Eine Haftung der Autoren bzw. des Verlags und deren Beauftragten für Personen-, Sach- und Vermögensschäden ist ausgeschlossen.

Bildnachweis

Alle Fotos stammen von Nicolas Olonetzky (c/o bascha kicki-photographers), München, alle Illustrationen sind von Veronika Moga, München, mit Ausnahme von: Damp Touristik GmbH, Ostseebad Damp: 5; Fit for Fun, Hamburg: 58, 149; Gettyimages, München: 110 (Image Bank/Michelangelo Gratton), 158 (Image Bank/ Yellow Dog Productions), 165 (Image Bank/Gary John Norman); Grau Stefan Dr., Med. Universität Tübingen: 147; Imago, Berlin: U1 (Eisend); Jump, Hamburg: 16 (M. Grundt), 28 (M. Sandkühler); Lizenzfrei: 130 (Gettyimages); Polar Electro GmbH, Büttelborn: 88; Privatarchiv Prof. Dr. Wessinghage, Ostseebad Damp: 13, 135; Puma AG, Herzogenaurach: 65; Südwest Verlag, München: 33 (Gerhard Heidorn), 34 (Nicolas Olonetzky), 99 (Peter Rees), 162 (Martina Urban)

Redaktionsleitung Silke Kirsch
Projektleitung Silvia Forster
Redaktion Dr. Ulrike Kretschmer
Layout, Satz und Gesamtproducing v|Büro – Jan-Dirk Hansen
Satz dieser Ausgabe Filmsatz Schröter, München
Bildredaktion Tanja Nerger
Korrektorat Linde Wiesner
Umschlag R.M.E. Eschlbeck/Kreuzer/Botzenhardt
Reproduktion Artilitho, Lavis (Trento)
Druck und Verarbeitung Alcione, Lavis (Trento)

Printed in Italy

ISBN 978-3-517-08526-5

Das für dieses Buch verwendete FSC-zertifizierte Papier *Profibulk* wurde produziert von Sappi Alfeld und geliefert durch die IGEPA

9817 2635 4453 6271

Auf die Plätze, fertig, los …

Expertenrat für Fitness und Sport
villavitalia**.de**

Mein Ratgeberportal – **villa**vitalia**.de**